R.E.I. Editions

Tutti i nostri ebook possono essere letti sui seguenti dispositivi:
- Computer
- eReader
- iOS
- Android
- Blackberry
- Windows
- Tablet
- Cellulare

Degregori & Partners

Investire in Hedge Funds

Quaderni di Finanza 11

ISBN 978-2-37297-2796
Pubblicazione: aprile 2016
Nuova edizione aggiornata agosto 2022
Copyright © 2016 - 2022 R.E.I. Editions
www.rei-editions.com

Le informazioni sui prodotti finanziari e i commenti ai mercati espressi in questo volume non rappresentano in alcun modo una raccomandazione all'acquisto o alla vendita di titoli. Nessuna informazione contenuta nel presente testo costituisce o deve essere interpretata come un consiglio di investimento, legale o fiscale: una consulenza professionale e specifica è sempre indispensabile prima di prendere qualsiasi decisione di investimento.

I Quaderni di Finanza hanno lo scopo di promuovere la diffusione dell'informazione e della riflessione economico-finanziaria sui temi relativi ai mercati mobiliari nazionali e internazionali e alla loro regolamentazione.

Piano dell'opera

01 - Le Obbligazioni
02 - I Titoli di Stato
03 - Analisi dello spread
04 - Le Azioni
05 - Gli aumenti di capitale
06 - Fondi Comuni d'Investimento
07 - Il Mercato dei Cambi
08 - E.T.F. - Exchange Traded Funds
09 - C.F.D. - Contract For Difference
10 - Le Opzioni
11 - Gli Hedge Funds
12 - Gli Swap
13 - Futures su Indici
14 - I Certificati d'Investimento
15 - Warrant e Covered Warrant
16 - Asset Allocation
17 - Analisi Tecnica - La teoria di Dow
18 - Analisi Tecnica - I Grafici
19 - Analisi Tecnica - La Candele Giapponesi
20 - Analisi Tecnica - Figure di Continuazione e di Inversione
21 - Analisi Tecnica - Indicatori e Oscillatori
22 - Analisi Tecnica - Le onde di Elliott
23 - Analisi Tecnica - La Teoria di Gann
24 - Analisi Tecnica - Trading e Trading Intraday
25 - Analisi Tecnica - Lo Scalping
26 - I Paradisi Fiscali
27 - I Mutui Subprime
28 - La Leva Finanziaria e la gestione del rischio
29 - Investire in Oro
30 - Manuale dei Mutui

Degregori & Partners

Investire in Hedge Funds

Quaderni di Finanza (11)

R.E.I. Editions

Indice

Gli Hedge Funds 11

Storia degli Hedge Funds 19

Organizzazione di un Hedge Funds 29

Differenze con i Fondi Comuni 47

Il Risk Management 51

Gli Hedge Funds in Italia 54

I Fund of Funds 60

Strategie di investimento 63

   (1) - Equity o Directional...66

     (1a) - Long/short Equity Funds............................67

     (1b) - Short Selling 71

     (1c) - Sector Funds...76

     (1d) - Global Macro Funds 79

   (2) - Market Neutral Strategy 82

     (2a) - Equity Market Neutral 86

     (2b) - Fixed Income Arbitrage...........................93

     (2c) - Convertible Arbitrage 99

   (3) - Event Driven...102

     (3a) - Merger Arbitrage......................................104

(3b) - Distressed Securities 109

Gli Hedge Funds in Svizzera 115

Gli Hedge Funds negli USA 121

Gli Hedge Funds

Gli Hedge Funds sono dei fondi d'investimento che, attraverso l'utilizzo di strategie piuttosto complesse come la leva finanziaria, l'apertura di posizioni long e short e l'investimento in titoli derivati sui mercati nazionali e internazionali, hanno come obiettivo quello di massimizzare il rendimento derivante dall'investimento. Ciò che contraddistingue gli hedge fund è in primo luogo l'alta rischiosità degli investimenti effettuati, nonché la diversa tipologia di rendimento verso la quale sono proiettati. Generalmente, infatti, la maggior parte di fondi comuni, sicav e fondi speculativi hanno come obiettivo quello di "replicare" l'indice di mercato di riferimento, a seconda della tipologia d'investimento effettuato; se, ad esempio, un fondo comune investe in azioni, lo scopo sarà quello di generare un rendimento pari a quello generato dall'indice azionario di riferimento.

- Gli hedge fund, invece, hanno come obiettivo quello di generare un rendimento che non è in alcun modo correlato con alcun indice di riferimento, ma che sia comunque superiore a quello ottenibile in altri fondi che si limitano a replicare quell'indice.

- In altre parole, il gestore del fondo ha lo scopo di generare un rendimento extra rispetto all'indice di riferimento, maggiorato di quello che in gergo viene chiamato Alfa.

Riuscire a ottenere l'Alfa non è compito facile.

Spesso ha un costo sostenuto, che figura tra le commissioni che il gestore del fondo fa pagare agli iscritti. Generare l'Alfa comporta procurarsi e analizzare dati economici e finanziari delle aziende, andare alle conferenze, fare dei sopralluoghi.

Il costo di "produzione" dell'Alfa (chiamato TER, ossia Total Expense Ratio) è generalmente pari al 2-3% dell'ammontare totale investito nel fondo.

In altri termini si può definire Hedge Funds qualsiasi fondo che utilizzi una strategia o una serie di strategie diverse dal semplice acquisto di obbligazioni, azioni, fondi comuni d'investimento a capitale variabile e titoli di credito (money market funds) e il cui scopo è il raggiungimento di un rendimento assoluto e non in relazione a un benchmark.

Gli Hedge Funds vengono di volta in volta indicati come strumenti di investimento alternativi, fondi speculativi, fondi di fondi, sempre in contrapposizione con le forme di gestione dei risparmio di tipo tradizionale, regolate da leggi e regolamenti specifici che ne limitano l'operatività e il rischio. Il termine anglosassone "hedge" significa letteralmente copertura, protezione e, in effetti, questi fondi nascono proprio con l'intento di gestire il patrimonio eliminando in gran parte il rischio di mercato.

Esistono tre criteri attraverso i quali identificare un hedge fund:

- Il primo, di natura funzionale, è rappresentato dall'elevato ricorso alla leva finanziaria nelle strategie di investimento.

- Il secondo, il criterio ambientale, è rappresentato dall'assenza di regolamentazione e di vigilanza, grazie anche alla localizzazione in paradisi fiscali.

- Il terzo, il criterio sociale, è rappresentato dalla scelta di una forma di società tale da evitare di incappare nella normativa sulla sollecitazione del pubblico risparmio e che, quindi, consente un notevole grado di opacità.

La filosofia degli Hedge Fund è quella di ottenere risultati di gestione positivi indipendentemente dall'andamento dei mercati finanziari in cui operano.

- Gli hedge si differenziano fondamentalmente per la ricerca di un maggior rendimento a parità di rischio o un rischio minore a parità di rendimento, proprietà precipua di una sana gestione, comunque in un'ottica di diversificazione del rischio e degli investimenti.

  Peraltro, rispetto ai fondi tradizionali, ove vi è l'obbligo di adottare un benchmark di riferimento atto a valutare la performance del fondo, il gestore di Hedge Funds è, invece, libero da vincoli in merito alle attività da tenere in posizione e ha il solo obiettivo di perseguire rendimenti assoluti positivi in qualunque condizione di mercato. Ciò assume particolare rilievo nei confronti dei fondi tradizionali, che sono in un certo senso limitati dal benchmark, laddove la composizione dei portafogli è condizionata dalla presenza di titoli che compongono il benchmark di riferimento, e se questo ha una performance negativa il gestore mira sì a battere il benchmark, ma essendo limitato dal riferimento, potrebbe accontentarsi anche di una negatività.

- Quindi, si può affermare che gli hedge non presentano un maggior grado di rischio rispetto ai più noti fondi comuni, anzi in genere mostrano minore volatilità rispetto a quelli tradizionali, distinguendosi per la loro maggiore sofisticazione dovuta agli strumenti utilizzati e conseguentemente alla diversificazione attuata.

Una tipica operazione effettuata dagli hedge funds è la vendita allo scoperto, a scopo ribassista; tale operazione, infatti, non è permessa, di norma, ai fondi comuni canonici di diritto italiano (costituiscono eccezione i fondi che hanno recepito le nuove normative Ucits III). Si pensi che, tra il gennaio 2009 e lo stesso mese del 2010, dei 127 hedge funds venduti nel nostro paese, soltanto dieci di essi hanno presentato prestazioni in rosso.

Gli hedge funds riescono spesso a ottenere vantaggi e guadagni laddove la maggioranza degli investitori e dei fondi tradizionali perde denaro. Per ottenere un simile risultato, gli hedge fund utilizzano delle strategie d'investimento non convenzionali, come ad esempio:

- Short Selling (o vendita allo scoperto), che consiste nel prendere a prestito titoli di cui si prevede la possibilità di ribasso, venderli sul mercato investendo i proventi e ricomprando poi gli strumenti finanziari in questione per restituirli a scadenza, lucrando la differenza tra il prezzo di vendita e il prezzo di riacquisto. La Sec (l'equivalente Usa della Consob) per evitare rischi eccessivi ha imposto il margin account, cioè l'obbligo di mantenere un deposito vincolato (in contanti o titoli) pari al 50% del valore dei titoli shortati (venduti), integrando, quindi, il versamento iniziale nel caso in cui il prezzo degli strumenti venduti risalga, obbligando di fatto a chiudere le posizioni corte se le perdite diventano molto alte.

- Utilizzo dei derivati (opzioni e futures), uno degli strumenti preferiti dai gestori hedge che talora, in presenza di idee di investimento forti, allocano su questi prodotti finanziari anche più del 100% del patrimonio e spesso li combinano in complesse strutture per ridurre i rischi o per migliorare i rendimenti.

- Hedging, che consiste nella strategia di coprire attraverso vendite allo scoperto e uso di derivati il portafoglio dalla volatilità di mercato: se questo nel complesso sale, si beneficerà dei guadagni in conto capitale dei titoli detenuti; in caso di ribassi, invece, le posizioni corte e/o i derivati garantiranno guadagni in grado di controbilanciare il deprezzamento delle posizioni lunghe.

14

- Leverage (leva finanziaria), cioè l'indebitamento allo scopo di investire il denaro preso a prestito. Di solito i fondi che utilizzano questo mezzo investono 2 volte (nel caso delle azioni) o 3 volte (nel caso di acquisto di obbligazioni) il loro patrimonio netto, ma talora (specialmente nel casi dei grossi fondi global macro) arrivano fino a 4/7 volte. Chiaramente il gioco vale la candela solo se i ritorni attesi dall'investimento sono superiori agli interessi pagati. Si tratta, comunque, di un'arma a doppio taglio, perché consente di amplificare geometricamente guadagni e perdite.

La normativa sugli hedge fund è quasi integralmente di matrice statunitense, patria di questo tipo di strumenti di investimento. Negli States, tuttavia, per evitare le norme che ridurrebbero eccessivamente la libertà di operare degli hedge, questi vengono quasi sempre costituiti come società, in modo da sottrarli all'assimilazione a organismi collettivi di risparmio (quali i mututal funds tradizionali) in ragione della loro natura contrattualistica. Le forme giuridiche con cui vengono inquadrati gli hedge funds sono, quindi, la Limited partnership e la Corporation.

- La Limited Partnership è simile all'italiana Società in Accomandita Semplice. La legge prevede che non possano effettuare sollecitazioni all'investimento e che i soci/investitori non debbano essere più di 100; di questi almeno il 65% deve rientrare nella categoria degli accreditor investors (persona fisica che dispone di un patrimonio netto di almeno un milione di dollari o che ha dichiarato nell'anno precedente un reddito di almeno 200.000 dollari o di 300.000 se si tratta di una coppia di coniugi). In questo caso il gestore è responsabile illimitatamente per le obbligazioni sociali, mentre i soci/investitori lo sono solo relativamente al loro capitale. Il fondo così organizzato non è soggetto all'obbligo di registrazione alla Sec, ma il limite massimo di 100 soci, oltre all'eccessivo rischio personale corso dal gestore, fanno solitamente preferire l'altra forma giuridica.

- La Corporation, simile all'italiana Società per Azioni, viene solitamente costituita in paesi off shore allo scopo di poter operare con ancora meno vincoli e in molti casi di beneficiare di forti esenzioni fiscali. Altri vantaggi riguardano il fatto che tutti i soci, gestore incluso, sono responsabili unicamente in ragione della quota di capitale possedute e che non vi è limite alcuno al numero di soci che possono aderire al fondo.

Per proteggere maggiormente gli investitori, sono entrate in vigore nuove norme più restrittive da applicarsi a quei fondi con un patrimonio superiore ai trenta milioni di dollari e che contino quindici o più investitori/soci.

Tali obblighi riguardano la registrazione presso la Sec, revisioni contabili periodiche e regole più severe nella conservazione degli archivi. Non ci sarà comunque un'enorme sconvolgimento nel mondo degli hedge perché la Sec ha deciso di esonerare da queste norme i fondi che si impegnano a non liquidare l'investimento dei propri clienti per almeno due anni.

Gli investitori di un hedge fund si dividono in due categorie:

- Investitori accreditati: ovvero gli investitori istituzionali come le banche o le compagnie assicurative, i fondi pensione che abbiano un patrimonio superiore ai 5 milioni di dollari, le società che abbiano un patrimonio superiore ai 5 milioni di dollari e anche i soggetti privati il cui patrimonio superi il milione di dollari o che nei due anni precedenti all'investimento abbiano goduto di introiti pari ad almeno 200.000 dollari.

- Investitori qualificati: sono tali le persone fisiche che abbiano investito almeno 5 milioni di dollari, oppure un investitore istituzionale che investe almeno 25 milioni di dollari.

Vista la differente normativa dei singoli paesi in cui sono residenti gli investitori in hedge funds, possiamo suddividere le relative strutture di investimento in quattro categorie principali, destinate a ottemperare ai differenti obblighi di legge imposti nel paese dell'investitore stesso.

- La struttura "Mirror Fund", caratterizzata dalla creazione di due veicoli di investimento giuridicamente distinti ma gestiti da un unico gestore con la stessa politica di investimento e con un'identica composizione del portafoglio. Tale struttura presenta il vantaggio di offrire lo stesso prodotto a investitori residenti in paesi diversi con uno specifico trattamento fiscale. Ad esempio, un fondo che investe in strumenti finanziari nel mercato statunitense potrebbe istituire un fondo on-shore per gli investitori domestici e un fondo off-shore per quelli esteri, consentendo a questi ultimi di aggirare le regole fiscali statunitensi ed evitando, quindi, una doppia tassazione.

- La struttura "Master Feeder", tra le più utilizzate dagli hedge funds; in questo caso gli investimenti vengono concentrati in un unico fondo definito master, mentre gli investitori conferiscono i propri capitali a dei fondi feeder che fungono da raccolta, i quali a loro volta investono tutti nel master. Il pregio di questa strutturazione è l'estrema flessibilità, in quanto per ogni fondo feeder possono essere personalizzate le commissioni, le clausole di investimento e la distribuzione delle quote.

17

- La struttura "Umbrella", che consiste in un insieme di comparti, accomunati dallo stesso team di gestori, ma con diverse strategie di investimento e diversi portafogli gestiti. Tale strutture rappresenta un indubbio vantaggio a livello fiscale in quanto gli investitori possono spostare i capitali da un comparto all'altro senza generare capital gain sottoposto a prelievo fiscale.

- La struttura "Managed Account" consiste in un conto aperto dall'investitore presso un prime broker sul quale il fund advisor ha il mandato di gestire il capitale depositato nell'interesse del cliente come se fosse un vero e proprio fondo. Questa struttura è estremamente flessibile e adattata su misura alle esigenze e alle preferenze dell'investitore. Inoltre ha il vantaggio di una maggiore trasparenza e di un alto grado di liquidità dato dalla rendicontazione giornaliera del saldo del conto da parte del prime broker.

Storia degli Hedge Funds

Convenzionalmente si fa risalire la nascita dei fondi hedge negli Stati Uniti a opera di un gestore, Alfred Winslow Jones, che, nel lontano 1° gennaio 1949, costituì una società d'investimento con un capitale iniziale di 100.000 dollari, di cui 40.000 investiti personalmente, con la finalità di proteggere il capitale dal rischio di mercato. L'intuizione di Jones fu quella di staccarsi dalla logica dei fondi di investimento comune, caratterizzati per il legame del rendimento dell'investimento all'andamento del mercato. Jones cercò di annullare il rischio di mercato assumendo soltanto un rischio specifico, e ciò grazie alla propria abilità nella selezione dei titoli.

- La portata innovativa stava, soprattutto, nella tecnica di gestione adottata; infatti, egli utilizzò per primo, sistematicamente, la vendita allo scoperto non con finalità speculativa, ma per proteggere il portafoglio da lui gestito dai ribassi di mercato. Jones comprava titoli che riteneva sottovalutati e contemporaneamente vendeva allo scoperto quelli sopravvalutati, in modo da ridurre molto la volatilità del suo fondo. Per amplificare il rendimento del portafoglio, utilizzava la leva finanziaria, usando i proventi delle vendite allo scoperto per finanziare l'acquisto delle posizioni long.

Investendo 100 in azioni della società A, ritenuta sottovalutata, e contestualmente vendendo allo scoperto 100 di azioni della società B dello stesso settore, ritenuta sopravvalutata, si ottiene un investimento lordo di 200 e una posizione netta tendente a zero. In questo modo, anche se il mercato subiva dei ribassi, il fondo si garantiva, comunque, un guadagno: il profitto, infatti, sulla base della formula da cui si ottiene l'esposizione del capitale al rischio di

19

mercato, si realizzava sulla differenza di valore tra i titoli acquistati e i titoli venduti, ossia sull'attività di stock selection:

esposizione lunga (tramite acquisto di titoli)
– esposizione corta (tramite vendita di titoli)

Inoltre, se prevedeva fasi di rialzo nei mercati, aumentava le posizioni lunghe, in caso contrario quelle corte, continuando, comunque, a proteggere il valore del capitale.

Per sfruttare al meglio le proprie capacità di investimento, Jones utilizzò anche l'effetto della leva finanziaria, cioè risorse finanziarie prese a prestito, avendo così la possibilità di investire capitali superiori a quelli detenuti in portafoglio.

Un ulteriore elemento di rottura con la tradizione della gestione dei fondi comuni di investimento, introdotto da Jones, fu il riconoscimento di una commissione di incentivo riconosciuta ai manager gestori e legata ai profitti realizzati anziché all'incremento della massa gestita. Per mitigare l'avidità dei gestori, attratti dalle commissioni di incentivo sui risultati, Jones introdusse, infine, la partecipazione diretta al capitale dei gestori nel fondo, allineandone gli obiettivi con quelli dei clienti e riducendo, quindi, i conflitti di interesse. Il successo di performance così raggiunto portò, ben presto, alla nascita di nuovi fondi basati sul prototipo ideato da Jones.

- Il fondo di Jones nel decennio 1955-1965 guadagnò, al netto di spese, commissioni e incentivi, il 670%, a fronte del 358% messo a segno dal migliore mutual fund e del 225% dello S&P 500.

I primi hedge operavano soprattutto con strategia "relative value", effettuando arbitraggi privi di rischio per sfruttare le inefficienze di mercato (risk free arbitrage).

La crescente integrazione nei mercati finanziari, la velocità di circolazione delle informazioni e i progressi tecnologici tendono a rendere praticamente nulli questi profitti: ora i gestori si concentrano sui cosiddetti "risk arbitrage" prendendo posizioni opposte su titoli simili (stessa tipologia di strumento, stesso settore merceologico, stesso mercato servito, dimensioni e struttura societaria simile).

- Il gestore compra azioni di una società ritenuta sottovalutata rispetto ai concorrenti finanziandosi con la vendita allo scoperto di un competitore sopravvalutato rispetto al mercato; nel lungo periodo lo sconto relativo del primo e il premio del secondo dovrebbero ridursi consentendo al gestore un doppio profitto, sia sulla posizione lunga, in quanto i prezzi del titolo sottovalutato salgono, sia su quella corta, in quanto i prezzi di quello sopravvalutato calano garantendo la possibilità di chiudere l'operazione con profitto.

Più agevole di quello sui mercati azionari è l'arbitraggio su titoli a reddito fisso; le obbligazioni hanno una forte correlazione, ma possono aversi rendimenti molto diversi anche fra bond con la medesima rischiosità.

Un altro tipo di arbitraggio è quello statistico: attraverso un mix di posizioni lunghe e corte viene creato un portafoglio assolutamente insensibile al rischio di mercato, ma in grado di garantire ritorni comunque positivi. Infine, ricordiamo le operazioni di arbitraggio sui titoli convertibili; si cerca qui di sfruttare le differenze tra il valore di mercato e il valore teorico di conversione azionaria di un titolo obbligazionario o di concambio in caso di acquisizioni (Opa) con pagamento mediante titoli.

Il concetto di fondo hedge come strumento fortemente speculativo e aggressivo deriva, invece, dalla fama conseguita dal più celebre gestore di hedge fund, George Soros.

Soros è il fondatore del Soros Fund Management. Nel 1970 fu uno dei co-fondatori del Quantum Funds insieme a Jim Rogers; il fondo ebbe un rendimento del 3.365% nei successivi 10 anni, 42,5% ogni anno per 10 anni, e creò la base della fortuna di Soros, che nel 1992, con il suo Quantum Funds riuscì a generare una performance del 25% nel solo mese di settembre del 1992, guadagnando in meno di due mesi circa 2 miliardi di dollari, finendo l'anno con una performance complessiva nel 1992 di circa il 66%.

Il suo portafoglio era composto da posizioni corte per un valore di circa 10 miliardi di dollari, posizioni lunghe in marchi per 6 miliardi di dollari e in franchi per un importo inferiore. Contemporaneamente aveva acquistato titoli azionari del mercato inglese per 500.000 dollari. Il presupposto era che, generalmente, il mercato azionario sale quando una valuta viene svalutata. La strategia veniva completata con posizioni long su obbligazioni tedesche e francesi e posizioni allo scoperto su titoli azionari di entrambi i mercati. L'aspettativa era che una rivalutazione delle suddette valute avrebbe determinato un ribasso dei tassi d'interesse con effetti positivi per il mercato obbligazionario ma negativi per quello azionario. Grazie alle ampie linee di credito e all'uso di margini, Soros poté mantenere queste posizioni utilizzando solo un miliardo di dollari".

Da ricordare anche, sempre nel 1992 l'azione di Soros che, con la vendita di lire allo scoperto comprando dollari, costrinse la Banca d'Italia a vendere 48 miliardi di dollari di riserve per sostenere il cambio, portando a una svalutazione della nostra moneta del 30% e l'estromissione della lira dal sistema monetario europeo.

Per rientrare nello Sme, il governo italiano fu obbligato a una delle più pesanti manovre finanziarie della sua storia, circa 93 mila miliardi di lire, al cui interno, tra le tante misure, fece per la prima volta la sua comparsa l'imposta sulla casa (Ici), oggi divenuta Imu. Soltanto cinque mesi prima il presidente del consiglio di allora, Giuliano Amato, proprio a causa della difficile situazione economica in cui versava il nostro Paese anche prima dell'attacco speculativo di Soros, era stato obbligato a dare il via libera al prelievo forzoso del 6/1000 sui conti correnti nella notte tra il 9 e 10 luglio.

Inoltre, durante il cosiddetto "mercoledì nero", 16 settembre del 1992, George Soros è diventato famoso con un'operazione di speculazione finanziaria che lo ha portato a vendere più di 10 miliardi di dollari in sterline: il risultato fu che la Banca d'Inghilterra venne costretta a svalutare la propria moneta e George Soros nel processo guadagnò una cifra stimata in 1,1 miliardi di dollari. Da quel momento è soprannominato "l'uomo che distrusse la Banca d'Inghilterra". Secondo la classifica di Forbes (2014), George Soros possiede un patrimonio di circa 28,6 miliardi di dollari. Soros traccia una distinzione tra l'essere un operatore nel mercato e il lavorare per cambiare le regole che gli operatori devono seguire. Sembra non avere problemi nel continuare ad adoperarsi per perseguire il proprio interesse economico, affiancando a questo un'attività di lobbying tesa a una drastica revisione del sistema finanziario globale. In risposta alle accuse di essere personalmente responsabile di molteplici disastri finanziari, tra cui quelli di Regno Unito, Europa dell'Est e Thailandia, ha dichiarato: "Nella veste di operatore di mercato non mi si richiede di preoccuparmi delle conseguenze delle mie operazioni finanziarie."

In riferimento al suo operato, Soros ha dichiarato: "Mi sono sempre mosso nell'ambito di regole decise da altri. Se le regole falliscono, non è colpa mia in quanto partecipante, ma di coloro che le hanno decise. Quando gli speculatori fanno profitti sono le autorità che hanno fallito".

Nel 2013 il suo Quantum Fund ha avuto il suo secondo anno migliore di sempre, guadagnando 5,5 miliardi di dollari netti. Con un ritorno del 22%, il fondo di Soros è stato di nuovo al vertice dei migliori hedge funds di tutti i tempi, scalzando dalla prima posizione Bridgewater Pure Alpha di Ray Dalio. Dalla sua fondazione, nel 1970, Quantum ha generato quasi 40 miliardi di utili, calcola il

Financial Times citando la classifica LCH Investments. Alla fine del 2011 il finanziere americano nato in Ungheria ha, tuttavia, chiuso il fondo agli investitori esterni alla sua famiglia per non dover sottostare alla regolamentazione prevista dalla riforma finanziaria Dodd-Frank Act, che prevede un obbligo di registrazione presso la Sec, l'autorità di vigilanza americana, per qualsiasi fondo che non sia un family office, cioè un fondo d'investimento che si occupa principalmente di gestire il patrimonio della famiglia. Le nuove norme valide per i fondi superiori ai 150 milioni di dollari prevedono, oltre all'iscrizione nei registri del regolatore Usa, un addetto alla compliance e l'obbligo di fornire ogni dettaglio in merito a esposizione, investimenti e operatività sui mercati dei derivati over the counter, cioè non regolamentati, per evitare rischi sistemici dati dall'eccessivo uso della leva finanziaria come moltiplicatore degli investimenti (e del debito). Avendo la Sec poteri di polizia e non solo sanzionatori, a differenza della Consob italiana, la maggioranza degli hedge funds manager non ha gradito vedersi imposta l'apertura dei propri libri contabili. Ecco, quindi, la scappatoia: il Dodd-Frank Act non vale per i family offices. Oggi Quantum è affidato alla gestione quotidiana di Scott Bessen, chief investment officer, ma Soros continua a dire la sua nelle decisioni strategiche.

Gli hedge fund, fenomeno inizialmente di esclusiva nordamericana, hanno progressivamente conquistato il mondo finanziario europeo e mondiale, e attualmente si contano oltre 7.000 fondi hedge.

La storia degli hedge funds è, tuttavia, anche caratterizzata da grandi insuccessi. Il caso più noto è certamente il collasso del Long Term Capital Management Fund (LTCM) nel quadro della crisi russa del 1998. Il fondo Long Term Capital Management era un fondo speculativo nel cui board figuravano grandi protagonisti del mondo economico. Fu istituito nel 1994 da John Meriwether e il suo team proveniente dalla Salomon Brothers e si basò sui modelli matematici creati dai premi Nobel Robert Merton e Myron Scholes. Myron

Scholes era uno di quelli che aveva sviluppato il modello Black-Scholes dei prezzi delle opzioni, mentre Robert Merton aveva sviluppato la teoria del prezzo continuo come mezzo per difendersi contro le perdite azionarie.

Questi fornirono alla Long-Term una formula matematica molto complessa per valutare i mercati e per scommettere su guadagni e perdite, un risultato sufficientemente importante da far loro vincere, nel 1997, il premio Nobel per l'Economia.

I trader di Meriwether sapevano come usare questi modelli e lo fecero con una inusuale aggressività, che era anche il loro tratto caratteristico quando erano in Salomon. In breve tempo il fondo raggiunse più di un miliardo di dollari di capitale iniziale, e iniziò presto a fare enormi scommesse destinate al successo sull'arbitraggio delle obbligazioni, specialmente obbligazioni pubbliche USA, giapponesi ed europee. I suoi profitti divennero così incredibili che, di fatto, acquistò un tale peso da poter dettare condizioni alle banche offrendo loro leverage. Pochi facevano domande sulla situazione perché Long-Term forniva fino al 40% di remunerazione ai sui investitori. I suoi trader divennero presto favolosamente ricchi.

Il successo fornì a Long-Term un capitale così grande da richiedere nuovi mercati nei quali muoversi, ed è per questo che le cose volsero poi al peggio.

Long-Term estese i suoi modelli a mercati poco conosciuti, come le opzioni S&P 500 e l'arbitraggio su fusioni e acquisizioni. Dato che per fare profitti su questi mercati erano necessari enormi investimenti, l'azienda aumentò la propria leva finanziaria a un livello altissimo, con il consenso di un'industria bancaria in soggezione di fronte all'audacia dell'azienda e obnubilata dai suoi risultati.

Nel 1998, con solo 4,72 milioni di dollari di patrimonio, l'azienda prese a prestito qualcosa come 125 miliardi di dollari contro 129 miliardi di asset e aveva un posizione fuori bilancio in derivati di circa 1.250 miliardi di dollari. La posizione della Long-Term aveva già ricevuto dei colpi nel 1997 dalla crisi finanziaria asiatica, ma fu il rovescio globale dei mercati del 1998, dopo che la Russia fece default per le sue obbligazioni, a trascinare il fondo in una situazione senza ritorno. All'atto pratico, i modelli finanziari di LTCM non erano in grado di prevedere gli scossoni sistemici verificatisi in Asia e in Russia, che hanno gettato il mondo finanziario nel panico, e hanno dato vita alla corsa dei risparmiatori a investire nei buoni del Tesoro tedeschi e statunitensi.

Quella corsa ai beni rifugio ha accentuato la differenza dei tassi d'interesse, invece del presunto riavvicinamento, determinando perdite colossali. La scommessa del fondo era quella di aver investito in tassi d'interesse russi a un determinato livello, più basso della norma, credendo che sarebbe salito e tornato al suo valore medio; in realtà però, la Russia stava attraversando un grande momento di crisi, così invece che salire questi tassi crollarono sempre di più, ma i gestori del fondo continuavano a comprare utilizzando la leva finanziaria, raddoppiando ogni volta il capitale investito, in modo da recuperare le perdite in attesa di un rialzo; questo però causò la loro rovina e determinò il loro fallimento. Ciò che fa riflettere, è che dopo questo fallimento la Russia iniziò una ripresa, così i tassi cominciarono ad aumentare e a riavvicinarsi al loro valore di norma; così se il fondo avesse avuto la forza e la disponibilità finanziaria per rimanere sul mercato, avrebbe non solo recuperato le perdite, ma anche guadagnato grandi capitali.

Il mercato delle obbligazioni nel quale Long-Term era dentro fino al collo volse improvvisamente al peggio e, in quattro mesi, il fondo perse quasi 5.000 miliardi di dollari.

In settembre l'azienda era praticamente fuori del patrimonio netto e andava incontro alla possibilità di un fallimento per i suoi debiti verso il resto del sistema bancario. Temendo che il collasso della Long-Term avrebbe ulteriormente esacerbato il terremoto in atto nel mercato finanziario, la Federal Reserve promosse un acquisto da parte di un consorzio di 19 banche e altre aziende finanziarie. Queste compagnie avrebbero assorbito tutte assieme gradualmente le perdite della Long-Term mantenendo sufficiente liquidità nel sistema bancario in modo da impedire che questa catastrofe sopraffacesse l'intero settore finanziario.

Funzionò, e infine quelli che andarono in soccorso della Long-Term ce la fecero. Una delle banche alle quali fu chiesto aiuto, ma non lo diedero, fu Bear Sterns, che aveva funzionato come "camera di compensazione" della Long-Term e pensava che aiutare Long-Term in quel momento avrebbe significato dare moneta buona contro cattiva. Numerosi erano i gestori che replicavano le strategie di investimento di LTCM, con il risultato che gli errori commessi dal fondo furono effettuati anche da chi utilizzava le medesime strategie.

Le loro strategie erano concettualmente molto semplici e consistevano per lo più in arbitraggi fiscali e arbitraggi sul valore relativo dei titoli.

Gli arbitraggi fiscali sono operazioni che cercano di sfruttare differenze fra le imposte esistenti in vari Paesi. Institutional Investor descrive quella che viene ritenuta la transazione più profittevole fatta da LTCM, un arbitraggio su titoli in lire.

All'epoca il tasso di interesse dei BTP era un punto percentuale più elevato del tasso in lire sul mercato europeo. La differenza era principalmente dovuta a una ritenuta d'acconto del 12,5% che gravava sugli investitori stranieri in BTP.

LTCM escogitò un sistema per lucrare sulla differenza investendo in BTP tramite un operatore nazionale, così da ottenere il rimborso dell'imposta, e finanziandosi in lire sul mercato europeo. Secondo la rivista, a rendere questa operazione estremamente profittevole, si parla di alcune migliaia di miliardi, intervenne anche una fortunata coincidenza. Proprio quando l'operazione era in corso il governo italiano decise di abolire la ritenuta d'acconto, producendo un guadagno in conto capitale per i detentori di BTP, tra cui LTCM.

Gli arbitraggi sul valore relativo sono, invece, speculazioni sulla differenza di prezzo tra due titoli con caratteristiche molto simili. Per esempio, nel marzo 1997 LTCM stava considerando la possibilità di speculare sulla differenza tra azioni ordinarie e di risparmio anche in vista della possibile conversione delle azioni di risparmio delle imprese statali in via di privatizzazione. Scommettere sulla convergenza tra i due prezzi non è un'operazione molto complicata. Si tratta di comprare azioni di risparmio e vendere allo scoperto azioni ordinarie, incassando la differenza.

Il fondo chiuse definitivamente i battenti all'inizio del 2000.

Organizzazione di un Hedge Funds

Il modello più diffuso di struttura organizzativa di un hedge fund vede i seguenti protagonisti:

Hedge Fund Manager - Svolge un ruolo rilevante poiché è investito di un'ampia autonomia decisionale in tema di gestione del rischio, trading e asset allocation, attività volta alla definizione del portafoglio in modo tale che l'investimento risulti ottimale rispetto alla combinazione rischio-rendimento. Importante è, quindi, la sua capacità di gestire situazioni particolari, di attirare gli investitori attraverso la sua esperienza e la sua capacità di trasmettere fiducia agli stessi. E' il soggetto che assume le decisioni strategiche del fondo e gestisce i processi di investimento, cui compete anche la scelta del grado di rischio cui sono soggetti i sottoscrittori del fondo.

Prime Broker – Il prime broker è, probabilmente, il più importante dei soggetti che sorreggono l'attività di un hedge fund, in quanto fornisce un insieme eterogeneo di servizi, alcuni indispensabili all'operatività del fondo sui mercati finanziari con cui viene data concreta attuazione alle scelte di investimento del gestore, e altri di supporto alle attività amministrative.

- I primi includono il servizio di prestito dei titoli necessario per dar luogo a vendite allo scoperto; quello di finanziamento preliminare all'assunzione di posizioni con leva finanziaria; la cura del processo di compensazione e liquidazione (clearing e settlement) delle transazioni eseguite; la detenzione in (sub)deposito delle attività del fondo e a volte persino la trasmissione degli ordini al mercato o alla controparte nell'over the counter.

- Tra i secondi, invece, è rilevante la registrazione accentrata di tutte le operazioni di mercato, prezioso lavoro propedeutico al calcolo del Nav del fondo grazie al quale il manager può permettersi di esternalizzare gran parte delle operazioni di back office, snellendo la propria struttura amministrativa.

Il prime broker è un intermediario finanziario internazionale, in genere un broker-dealer, che dispone di un'adeguata capitalizzazione e di una struttura operativa globale.

Operativamente, il ricorso a un prime broker consente la centralizzazione delle transazioni del fondo, snellendone la struttura amministrativa e variabilizzandone i costi. Servirsi di molteplici broker-dealer per una gestione separata della compensazione e del regolamento delle transazioni realizzate è inefficiente e time-consuming. Ogni broker esecutivo deve rilasciare alla clearing house che procede al clearing delle operazioni una lettera che certifichi il rispetto dei margin requirements richiesti dalla Regulation T. Per semplificare il carico amministrativo, velocizzando l'intera procedura, è stato, quindi, logico che un intermediario si assumesse il compito di garantire il rispetto dei vincoli della Regulation T a livello complessivo per il fondo con una lettera denominata "prime broker letter". La pratica di utilizzare un "primary broker" nasce con la finalità di rendere più efficiente la gestione delle incombenze di post trading, senza rinunciare ai vantaggi di operare nel trading attraverso una pluralità di executing broker. Frazionando gli ordini da eseguire su più broker, il gestore tutela meglio l'assoluta riservatezza sulle posizioni del fondo, sulle strategie in corso di esecuzione e, in generale, sul suo stile di gestione.

Nessun broker utilizzato riesce ad acquisire perfetta visibilità sull'insieme delle transazioni poste in essere. Il gestore può, inoltre, scegliere di volta in volta l'executing broker meglio in grado di assicurare la best execution dell'ordine in virtù della propria specializzazione o del proprio posizionamento sul mercato.

- Qualora al prime broker venga chiesto di assolvere su certe operazioni la funzione di executing broker, esso resta, comunque, tenuto a salvaguardare la massima riservatezza su tutte le informazioni relative al fondo, anche all'interno della propria organizzazione, attraverso il ricorso ai cd. "chinese wall", ossia a una separazione organizzativa e funzionale dell'attività di prime brokerage da quella di altre divisioni.

Il fondo hedge esegue ordini "as principal" con l'executing broker e il prime broker agisce solo "as agent" nel processo di settlement. A transazione conclusa, il prime broker verifica che le informazioni fornite dall'hedge fund corrispondano con quelle dell'executing broker. Se il riscontro è positivo, provvede alle incombenze di post trading relative al clearing e al settlement della transazione consegnando o ricevendo la liquidità o gli strumenti finanziari oggetto della stessa in nome e per conto dell'hedge fund. In caso contrario, si assicura che le divergenze siano riconciliate prima di dar corso al settlement. Tutti gli ordini eseguiti tramite gli executing broker sono regolati su conti aperti presso questi ultimi in nome del prime broker e per conto dell'hedge fund.

- E' sempre il prime broker che immette le informazioni riguardanti la transazione nel sistema di monitoraggio del portafoglio di cui si avvale l'investment manager.

Il possesso di una completa visibilità sulle operazioni dell'hedge fund, unitamente al suo elevato standing nel mercato quale istituzione finanziaria primaria e globale, consente al prime broker di fornire all'hedge fund una serie eterogenea di altri servizi cruciali sia per la gestione finanziaria del portafoglio, sia per la gestione commerciale dei rapporti con potenziali sottoscrittori. Esso si trova, infatti, in una

31

posizione privilegiata per neutralizzare al massimo gli effetti delle asimmetrie informative esistenti sia tra hedge fund e potenziali controparti sul mercato, sia tra hedge fund e potenziali sottoscrittori dalle quali potrebbero derivare insuperabili costi di transazione.

Se da un lato, gli hedge fund manager hanno la necessità di tutelare un adeguato grado di riservatezza sulle proprie strategie finanziarie al fine di non dissipare la risorsa principale su cui possono contare, d'altro lato gli operatori invitati a eseguire transazioni con gli hedge funds hanno necessità di valutarne appieno la solidità finanziaria in un'ottica di gestione del rischio di regolamento e di rimpiazzo, così come gli investitori necessitano di avere fiducia nelle performance e nelle composizioni del fondo dichiarate. In termini di supporto alle relazioni intercorrenti tra hedge fund e gli altri operatori di mercato, il prime broker permette, anzitutto, la partecipazione dell'hedge fund al mercato del prestito titoli in qualità di prenditore, mettendolo, quindi, in grado di operare vendite allo scoperto. I titoli presi a prestito da un hedge fund e oggetto di consegna in una vendita allo scoperto possono provenire o dal portafoglio proprietario del prime broker, il cd. "prime brokerage box", nel qual caso il costo del prestito per il fondo hedge è più contenuto, o essere prima acquisiti da una ulteriore operazione di securities lending tra un investitore istituzionale, nel ruolo di datore dei titoli, e il prime broker in quello di prenditore in nome e per conto proprio. In questo secondo caso, il prime broker svolge un ruolo da intermediario nel mercato del prestito titoli operando una trasformazione del rischio di credito dell'operazione a vantaggio degli investitori istituzionali.

Questi ultimi partecipano al securities lending market prestando i titoli posseduti a soggetti con un impeccabile merito di credito, condizione questa, di fatto, mai soddisfatta da un hedge fund, istituzione di modeste dimensioni, con una poco trasparente attività, con basso patrimonio reputazionale e, in genere, privo di qualsiasi rating. Un accesso diretto al securities lending market per gli hedge funds è di massima improponibile. Il prime broker, di solito una grande e famosa istituzione finanziaria con un rating più che accettabile, agendo as principal, sostituisce il proprio rischio a quello dell'hedge fund nei confronti del prestatore dei titoli.

- Contrariamente all'investitore istituzionale, il prime broker è disposto ad assumersi il rischio di credito nei confronti dell'hedge fund, a fronte di un'adeguata remunerazione, proprio perché si trova nella privilegiata situazione di poter valutare costantemente questo profilo di rischio grazie al flusso continuo di informazioni sul portafoglio dello stesso di cui dispone.

La transazione tra hedge fund e prime broker con riferimento al prestito di titoli azionari assume una struttura che, a seconda della natura del collateral fornito, può essere di cash-collateralized stock borrow oppure di non-cash-collateralized stock borrow.

- Nel primo caso, cash-collateralized stock borrow, l'hedge fund ottiene i titoli in prestito dando in garanzia della liquidità (cash collateral). Il prime broker investe il denaro ottenuto in strumenti finanziari a breve termine al rendimento di mercato monetario, parte del quale girato all'hedge fund. Il prime broker trattiene uno spread tra il rendimento di mercato monetario e il tasso pagato all'hedge fund come negoziato tra le parti.

- Nel non-cash-collateralized stock borrow, i titoli sono dati in prestito all'hedge fund contro consegna in garanzia di non-cash collateral, di massima titoli a reddito fisso posseduti dall'hedge fund. L'hedge fund paga al prime broker una commissione per la disponibilità dei titoli presi a prestito.

Sempre nell'ottica di supportare l'operatività degli hedge fund sui mercati finanziari, un secondo "core service" del prime broker consiste nel finanziamento delle posizioni lunghe del fondo, il cd. margin financing. Quando il manager vuole costruire una posizione lunga con un determinato coefficiente di leva, il prime broker fornisce la liquidità necessaria al regolamento della transazione nel rispetto dei limiti imposti dal proprio sistema di controllo dei rischi del fondo. Assieme ai servizi di securities lending, la concessione di crediti per consentire al fondo hedge di ricorrere alla leva, produce in media l'80% dei ricavi del prime broker. Per mitigare l'esposizione creditizia assunta dal prime broker verso il fondo, le attività di quest'ultimo sono date in pegno con deposito (collateralized) al prime broker fino a un controvalore di mercato sufficiente a coprire l'indebitamento assunto più un adeguato margine di garanzia contro l'eventualità di una discesa del valore di mercato del pegno (over collateralization).

- A tal fine, il prime broker rivaluta continuamente le garanzie (collateral) che l'hedge fund presta o può prestare, applicando uno sconto rispetto al loro fair market value in modo da proteggersi, nel caso un hedge fund dovesse rivelarsi insolvente, contro l'eventualità di un deprezzamento dei beni a garanzia conseguente a un movimento avverso dei prezzi di mercato.

La differenza tra la valutazione del collateral e il suo fair market value prende il nome di "haircut".
Per agevolare la collateralization dell'attivo in relazione alle mutevole esigenze dettate dalla sua attività di trading, il prime broker deve risultare depositario ultimo dell'intero patrimonio del fondo. Laddove i fondi hedge si propongono come puri private investment vehicle, la figura del prime broker e quella del depositario ufficiale del patrimonio del fondo coincidono sempre stante l'evidente sovrapposizione operativa dei ruoli.

Nei Paesi che, invece, disciplinano l'hedge fund come una fattispecie particolare di uno schema di investimento collettivo autorizzato, ricorre l'obbligo per quest'ultimo di ricorrere ai servizi di una pura banca depositaria locale. Deve risultare, allora, possibile una qualche forma di sub-deposito delle attività del fondo presso il prime broker.

Così, ad esempio, in Irlanda il patrimonio del fondo è custodito presso il prime broker su un conto in nome della banca depositaria e per conto dell'hedge fund.

Le difficoltà frapposte in proposito dalla legislazione italiana in materia di banca depositaria hanno costituito la principale causa dello scarso sviluppo di fondi hedge fund puri domiciliati in Italia.

- Il prime broker si trova nella condizione ideale di valutare e controllare pienamente i rischi dell'hedge fund se è il solo a fornire questo tipo di servizio a un hedge fund. Solo la completa trasparenza del fondo permette una valutazione complessiva dei rischi del portafoglio che tenga conto della correlazione tra le diverse posizioni e asset class e permette di differenziare tra transazioni di copertura e posizioni speculative.

L'attività di collateral management, fulcro essenziale per il processo di risk management del prime broker, magnifica la propria efficienza se concentrata presso un'unica istituzione con conseguente benefici in termini di costo, tempi di accesso e quantità di margin lending e di securities lending ottenibili dall'hedge fund. Qualora il fondo decida di avvalersi di più prime broker, questi ultimi perdono la piena visibilità sulle operazioni e sulle posizioni del fondo e reagiscono adottando un approccio assai più restrittivo nell'erogazione del marging lending e del securities lending in termini sia di quantità, sia di costo, sia di haircut richiesti.

35

Si comprende, quindi, come la scelta di avvalersi di più prime broker sia poco frequente, ricorrendo solo in pochi casi di fondi di grandi dimensioni e molto intenzionati a tutelare la segretezza delle strategie d'investimento perseguite. Poiché il prime broker acquisisce pieno titolo legale (cd. taking title) sulle attività del fondo, nelle giurisdizioni anglosassoni quest'ultimo vanta verso il prime broker solo un diritto alla riconsegna di attività equivalenti o del loro controvalore monetario, di fatto sopportando un vero e proprio rischio di credito di rilevanti dimensioni e concentrato verso un unico soggetto.

- Il rischio di credito è tanto maggiore quanto più pronunciata risulta la over-collateralization chiesta dal prime broker e quanto più un hedge fund consente al prime broker di utilizzare i titoli in sub-deposito per operazioni in nome e per conto proprio al fine di ottenere un abbattimento del costo dei servizi di prime brokerage.

Preoccupata di questo rischio di credito "inverso", la banca centrale irlandese è intervenuta disciplinando con rigore il rapporto intercorrente tra il fondo e il suo prime broker nell'intento di assicurare una migliore tutela rispetto a questo rischio di controparte agli investitori del fondo.

Se da un lato ammette la possibilità che il patrimonio di un hedge fund sia in custodia presso un prime broker, dall'altro impone stringenti requisiti alla natura del rapporto giuridico entro il quale la custodia si realizza, alle caratteristiche del prime broker e alle pratiche di risk management utilizzabili dal prime broker. Quanto all'inquadramento giuridico del rapporto, la custodia deve avvenire nell'ambito di un contratto di sub-deposito tra prime broker (sub-depositario) e banca depositaria (sub-depositante).

Quanto alle caratteristiche del prime broker, è richiesto che esso sia autorizzato come broker-dealer e sottoposto a relativa regolamentazione da un'autorità di vigilanza riconosciuta dalla banca centrale irlandese, disponga di una capitalizzazione non inferiore a 200 milioni di dollari e presenti un credit rating minimo di A1, o equivalente, riconosciuto dalle principali agenzie di analisi del rischio di credito. Infine, relativamente alle pratiche di risk management perseguite dal prime broker è stabilito che:

- Il controvalore delle attività su cui esso acquisisce legal title non può eccedere l'indebitamento dell'hedge fund (divieto di over-collateralisation).

- L'accordo con l'hedge fund preveda una procedura giornaliera di marking-to-market delle posizioni e una procedura di close-out netting, finalizzata a evitare che il fondo debba insistere sull'eventuale massa fallimentare del prime broker rivelatosi insolvente come un qualsiasi creditore chirografario.

- Vi sia una chiara illustrazione dell'assetto della relazione con il prime broker nel regolamento e nel prospetto del fondo.

In termini di contributo al rischio sistemico, i prime brokers assumono un ruolo articolato e polivalente. Da un lato, permettendo agli hedge funds di ricorrere in modo anche pesante alla leva finanziaria, si può ritenere che contribuiscano ad accentuare la possibilità di crisi destabilizzanti a livello di sistema come esemplifica l'esperienza del fondo LTCM.

Dall'altro, accordando agli hedge funds margini di manovra più o meno ampi in relazione a un'attenta valutazione del rischio di controparte che essi comportano, i prime broker fungono da ingranaggi fondamentali per operare in un sistema di disciplina decentralizzato e di libero mercato, invece che centralizzato e di natura amministrativa, verso cui il sistema finanziario pare oggi tendere. Per altro, la valutazione del rischio di controparte da parte del prime broker diverge necessariamente dalle valutazioni sul rischio sistemico e sul rischio di integrità dei mercati che devono essere proprie di un'autorità di vigilanza. Oltre alla presenza delle esternalità, interviene a riguardo il meccanismo di gestione delle garanzie che il prime broker pretende dal fondo e la cui funzione è proprio di attenuare il legame tra il rischio di controparte di interesse per il prime broker e il rischio sistemico e d'integrità dei mercati di interesse più generale.

Ne conseguono sia la complicazione dell'esigenza di tutelare gli investitori presenti nel fondo dal rischio di controparte del prime broker, sia la non perfetta sostituibilità della funzione di risk management svolta da un'autorità di vigilanza con puri meccanismi di mercato. La tendenza in atto da parte delle autorità è di intervenire indirettamente dettando i criteri a cui i prime broker devono informare le loro pratiche di risk management e assicurarsi della corretta applicazione di dette pratiche.

Administrator - è un soggetto esterno. Il supporto prestato dall'administrator interessa tre funzioni principali.

- In primo luogo, l'administrator assiste la gestione finanziaria del fondo sui mercati producendo rapporti dettagliati per l'hedge fund manager sul patrimonio del fondo; fungendo da interfaccia dei flussi informativi tra prime broker e banca depositaria; evidenziando la liquidità disponibile per investimenti o per essere prestata a garanzia, i titoli disponibili da offrire a pegno e le transazioni realizzate dal manager.

- In secondo luogo provvede ai servizi per gli azionisti, processando e registrando i flussi di acquisto e vendita delle quote; producendo rendiconti periodici e allocando agli investitori rendite, guadagni e perdite.

- In terzo luogo, l'administrator tiene la contabilità del fondo; provvede all'attività di compliance verso l'organo di vigilanza; valuta le posizioni del fondo in conformità con i principi contabili; calcola il Nav del fondo sulla base di prezzi degli

38

strumenti ottenuti da fonti esterne e liquida le commissioni al gestore.

Date le posizioni complesse che compongono il portafoglio degli investimenti di un hedge fund, l'administrator deve disporre di una tecnologia che permetta di prezzare con rapidità e precisione tutti gli strumenti finanziari, anche quelli non liquidi o di difficile valutazione.

Assolvere in modo efficiente e tempestivo a questo compito amministrativo può rivelarsi pure un utile strumento di marketing, qual è il caso della stima di un accurato, ancorché non ufficiale, valore giornaliero del Nav da comunicare ai clienti. Uno dei compiti più ardui di un administrator è realizzare dei sistemi di equalizzazione per il calcolo delle commissioni di performance. Trattasi di sistemi volti a garantire ai sottoscrittori del fondo che le commissioni d'incentivo a ciascuno di essi imputate siano proporzionali, nella misura indicata dal regolamento, ai rendimenti da ciascuno realizzati durante la permanenza nel fondo, indipendentemente dal timing di entrata e di uscita. In assenza di un equalizzatore, infatti, la presenza di una clausola di high water mark può far sì che l'ingresso nel fondo dopo una discesa del Nav consenta all'investitore di evitare commissioni di performance sul recupero di valore dello stesso fino al precedente massimo storico, scaricando l'onere corrispondente sugli investitori entrati in precedenza.

- Sebbene la prassi dominante nel comparto hedge sia di attribuire le funzioni di calcolo del Nav e delle commissioni all'administrator, non mancano alcune rilevanti eccezioni.

Ad esempio, in Italia queste funzioni sono assegnate dalla legge alla società di gestione del fondo che, anche se le cede operativamente in outsourcing, ne mantiene sempre piena responsabilità legale. La diversità del caso italiano rispetto al dominante standard statunitense e off-shore dipende dalla diversa natura economico-giuridica del veicolo individuato dal generico termine hedge fund nelle diverse giurisdizioni.

Poiché in Italia si tratta di un veicolo regolamentato e vigilato, gestito da investment manager pure regolamentati e vigilati, si attenua la necessità di disgiungere la responsabilità della gestione amministrativa da quella della gestione finanziaria al fine di tutelare meglio gli investitori con una più efficiente disciplina di mercato. Attraverso l'esercizio del suo potere normativo e di vigilanza, l'autorità amministrativa può, infatti, assolvere in modo diretto la funzione di abbattere i costi di transazione tra fondo e controparti di mercato, o tra fondo e investitori, dovuti alle asimmetrie informative. Tali oneri connessi alle attività svolte dall'Administrator sono di competenza diretta del fondo e non della Management Company.

Auditor - ha il compito di certificare che il NAV del fondo, calcolato dall'Administrator, sia corretto e calcolato secondo i criteri stabiliti dalle normative vigenti.

Secondo stime di Van Research il 96% dei fondi presenti seguiti e analizzati presentano bilanci certificati da un auditor esterno. Il dato appare, tuttavia, troppo ottimistico per almeno tre motivi.

- In primo luogo, non è sempre ben definito l'oggetto della certificazione. Esso può riguardare la situazione patrimoniale del fondo a una certa data o l'intera sequenza delle performance realizzate nel tempo.

- In secondo luogo, non sempre i fondi dichiarano l'esatta data dell'ultima certificazione ottenuta, facendo perdere alla stessa gran parte del suo valore.

- In terzo luogo, i fondi forniscono il loro Nav certificato ai database curati da importanti società di consulenza le quali, a volte, rimandano a una diligence addizionale, per verificare la correttezza dei dati certificati contribuiti.

Advisor - supporta le decisioni di investimento suggerendo scelte di investimento che rispondano agli obiettivi di rendimento e di rischio del fondo.

Investitori - sono soggetti caratterizzati da una visione di lungo termine, con una notevole disponibilità di investimento e consapevoli dei rischi connessi all'investimento in hedge funds.

Rispetto al modello organizzativo sopra delineato, il modello adottato dai fondi speculativi italiani si discosta parzialmente: accanto al Prime Broker, all'Auditor e agli Investitori, troviamo, infatti, la SGR speculativa, la Banca Depositaria e l'Advisor.

• Manca, innanzitutto, la figura dell'Administrator.

Le funzioni amministrative sono svolte direttamente dalla SGR speculativa, mentre la certificazione dell'attività del fondo spetta alla Banca Depositaria. La SGR speculativa, come la Management Company, assume le decisioni relative ai processi di investimento e stabilisce le strategie degli investimenti e il loro grado di rischio. Inoltre, la SGR speculativa svolge le funzioni amministrative del fondo, quali la tenuta del back office e la registrazione della contabilità del fondo, la gestione delle sottoscrizioni e dei riscatti. Le funzioni strettamente amministrative della SGR speculativa possono essere affidate in outsourcing a società esterne, ma, contrariamente a quanto accade nei paesi esteri, gli oneri relativi all'amministrazione dei fondi speculativi vengono addebitati alla SGR speculativa e non al fondo stesso. La normativa italiana prevede, inoltre, che le funzioni di calcolo del NAV del fondo siano assegnate alla SGR speculativa gestore, che ne rimane, comunque, direttamente responsabile, anche in caso di cessione del servizio in outsourcing.

La Banca Depositaria ha il compito di controllare la procedura di valorizzazione della quota degli hedge fund, di verificare la coerenza degli investimenti del fondo con il regolamento dello stesso, di regolare le operazioni con le controparti e di occuparsi della gestione amministrativa dei certificati. In seguito alla modifica apportata all'art. 38, lettera *c*) del d.lgs. 58/1998 dall'art. 11 d.lgs. 274/2003, la Banca Depositaria può, su incarico della SGR, provvedere al calcolo del valore delle quote.

Infine, l'Advisor supporta le decisioni di investimento, agevolando l'accesso ai database di analisi delle attività sottostanti e suggerendo scelte di investimento che rispondano agli obiettivi di rendimento e di rischio del fondo.

• Gli hedge funds possono investire in ogni classe di attività disponibile sul mercato (azioni, obbligazioni, derivati), in ogni direzione del mercato (al rialzo o al ribasso), con ogni tipo di strategia, in ogni area geografica (ovvero in mercati maturi o emergenti senza alcun limite percentuale dell'intero patrimonio) e in differenti segmenti temporali (breve, medio, lungo termine).

I fondi hedge, infatti, si connotano per essere veicoli che non si propongono come strumento di raccolta del risparmio presso il pubblico dei piccoli e medi risparmiatori, mirando piuttosto a convogliare gli investimenti di cosiddetti high net worth individuals (cioè soggetti dotati di ingenti risorse finanziarie) e/o di investitori istituzionali, i quali sono ammessi a parteciparvi per alti importi di sottoscrizione minima (alle volte anche significativamente superiori all'ammontare minimo eventualmente fissato per legge) e in un numero massimo predefinito (solitamente non molto elevato).

In secondo luogo, la loro tipica strutturazione contempla la partecipazione diretta del manager al fondo con capitali propri e la sua remunerazione, oltre che tramite una management fee determinata in misura di una percentuale fissa sulle masse patrimoniali gestite (usualmente ricompresa tra l'1 e il 3% di queste), attraverso la corresponsione di una commissione incentivante (performance fee), misurata in ragione degli utili conseguiti dal fondo (normalmente oscillante tra 15 e il 25% di essi) nel periodo di riferimento. La partecipazione del gestore all'iniziativa e la presenza di un meccanismo di "pay for performance" costituiscono, insieme alla libertà operativa di cui si è detto, gli aspetti maggiormente qualificanti delle gestioni di tipo hedge, dal momento che permettono alle parti del mandato di gestione (investitori e money manager) di conformare un assetto di incentivi di tipo tailor-made del quale occorre aver piena conoscenza ai fini dell'esatta comprensione di specifici profili di rischio non presenti, invece, nelle gestioni in monte tradizionali, ove è lo stesso legislatore, tramite una pervasiva regolamentazione eteronoma, a tentare di dar soluzione ai problemi di agency che tipicamente sorgono all'interno di un rapporto di mandato che si sviluppa un contesto di informazione asimmetrica.

Occorre aggiungere che il diritto del fund manager alla percezione della commissione d'incentivo suole essere variamente limitato tramite apposite clausole inserite nel contratto di gestione.

• Abbastanza ricorrente nella prassi è, innanzitutto, la previsione di un c.d. hurdle rate (letteralmente: "tasso ostacolo"), la cui funzione è quella di condizionare il percepimento della fee al conseguimento di un certo livello minimo di utili da parte del fondo. Il detto tasso può essere definito in termini assoluti, ovvero far riferimento a un dato benchmark.

Parimenti frequente è la clausola di "high-water mark", tramite la quale, invece, si stabilisce che il compenso del gestore venga calcolato non già sulle plusvalenze di periodo, bensì solamente su quelle realizzate rispetto al precedente massimo storico di valore del fondo: fin quando il fondo non supera il suo precedente massimo livello di redditività, nulla è dovuto al gestore. Sul ruolo di

43

quest'ultimo meccanismo contrattuale, che ex ante funziona da congegno di allineamento degli interessi delle parti del mandato di gestione, ma che ex post, a seguito di periodi di poor performance e forti svalutazioni del portafoglio, rischia di stimolare un forte risk-appetite nel gestore e, al limite, di incidere sulla stessa "vita" del veicolo, dal momento che gli investitori potrebbero trovare troppo rischioso permettere al gestore di continuare a operare, così come quest'ultimo, dal canto suo, potrebbe trovare più conveniente impegnarsi nel lancio di un nuovo fondo piuttosto che proseguire nella gestione già in atto, i cultori della finanza si sono lungamente intrattenuti. Quanto alla liquidità dell'investimento hedge, esso è in genere concepito in modo tale da superare la dicotomia "chiuso/aperto" propria dei fondi comuni.

L'autonomia negoziale porta, infatti, a prevedere periodi di immobilizzo dell'investimento (cosiddette clausole di lock-up; l'immobilizzo è solitamente previsto per un periodo di tempo che oscilla tra 1 e 3 anni) e, per il periodo successivo, a limitare la rimborsabilità delle quote a poche finestre nel corso dell'anno (cosiddetti exit dates).

- La possibilità di uscita dal fondo è per lo più data con cadenza quadrimestrale o annuale, subordinatamente, peraltro, al rispetto di periodi di preavviso generalmente alquanto lunghi, che in taluni casi possono raggiungere anche i 6 mesi.

Si tratta di meccanismi tutti funzionali a una più efficiente e sicura programmazione degli investimenti da intraprendere, garantendo al gestore la certezza di poter far affidamento per un certo lasso di tempo su capitali di un dato ammontare, certezza da cui non può prescindersi ove si vogliano implementare efficacemente strategie fondate sull'impiego della leva finanziaria e sullo short-selling. Inoltre, limiti temporali sono solitamente previsti anche per la possibilità di successivo ingresso nel fondo (c.d. entry dates), dal momento che anche l'afflusso di nuovi apporti potrebbe produrre squilibri nelle strategie finanziarie già intraprese dal fund manager.

Non è, perciò, infrequente che il gestore rifiuti l'ingresso di nuovi investitori, il che sarebbe, invece, del tutto inaudito per i fondi comuni.

• All'entrata e all'uscita dal fondo vengono talvolta ad accompagnarsi specifiche entry ed exit fees a carico dei nuovi entranti e degli uscenti, rispettivamente. Infine, sotto il profilo relazionale fondo/investitori, merita da subito accennare anche alla scarsa trasparenza che, rispetto a quanto avviene per l'investimento in fondi comuni, la gestione dei fondi hedge presenta nei confronti degli stessi partecipanti.

Se, infatti, negli offering documents o private placement memoranda vengono sovente fornite agli investitori potenziali informazioni generali relative agli obiettivi che il fondo si propone di raggiungere, alle spese e alle commissioni che graveranno sugli stessi investitori, alle condizioni di entrata e di uscita che saranno applicate, il gestore mantiene, invece, il più geloso riserbo su informazioni riguardanti le tecniche e le strategie di investimento che intende impiegare, le quali in fin dei conti rappresentano il vero valore aggiunto di una gestione di tipo hedge. Maggiore trasparenza è, invece, assicurata agli investitori attuali, con modalità comunque tali da proteggere la riservatezza delle informazioni di tipo "proprietario"; ad esempio, potrebbe essere declinata la disponibilità a rendere nota agli investitori l'esatta composizione del portafoglio di attività del fondo, oppure tali informazioni potrebbero essere rese solamente su base sufficientemente ritardata per evitare il pericolo che la loro eventuale rivelazione possa avvantaggiare altri operatori di mercato, innescando una serie di comportamenti emulativi da parte di altri operatori di mercato.

- Per le ragioni sopra esposte, i gestori sono soliti fornire agli investitori una quantità minima di informazioni appena sufficienti a conoscere l'andamento nel medio periodo dell'operatività.

Differenze con i Fondi Comuni

Varie sono le differenze di base tra i cosiddetti Mutual Funds (fondi comuni di investimento) e la maggior parte degli Hedge Funds:

- I mutual funds sono ispirati essenzialmente a strategie di gestione passive, legate al concetto di benchmark e aperte al maggior numero possibile d'investitori. Le performance dei mutual funds vengono comparate con un benchmark: il focus è sugli scostamenti positivi e negativi (tracking error) rispetto all'indice di riferimento e per questo sono delle "relative performance". Gli hedge funds, al contrario, non sono vincolati al confronto con un benchmark ma sono ispirati a una gestione attiva, legata a un'idea di performance assoluta, indipendente dall'andamento dei mercati finanziari, un tipo di approccio riservato a un mercato di nicchia costituito da investitori "high net worth", ovvero individui con patrimoni elevati oppure a investitori istituzionali.

- I mutual funds sono molto regolamentati e vi sono restrizioni nel vendere allo scoperto (short selling) e in pratiche di investimento similari. Sono strutturati come società di investimento pubbliche. Queste norme sono come delle manette, rendendo più difficile scavalcare il mercato o proteggere i beni del fondo in caso di contrazione. Gli "hedge funds" al contrario non sono regolamentati anche se in seguito alla recente crisi dei mercati finanziari sono allo studio diverse misure di controllo e registrazione. E' permessa la vendita allo scoperto (short selling) così come sono permesse altre strategie ideate per aumentare le performance o ridurre il rischio. Tuttavia una restrizione informale è imposta in genere a tutti i

47

manager degli "hedge funds" dagli investitori di professione che capiscono le differenti strategie e investono in un fondo particolare a causa dell'esperienza del manager in una zona particolare d'investimento. Questi investitori si aspettano ed esigono, quindi, che gli "hedge funds" stiano all'interno della loro area di specializzazione e di competenza. Perciò una delle caratteristiche particolari degli "hedge funds" è che tendono a essere specializzati, operando in una certa nicchia, specialità o industria che richiede una esperienza particolare.

- I mutual funds in genere richiedono una remunerazione proporzionale agli asset (patrimonio) in gestione. I gestori di Hedge Funds sono remunerati attraverso una commissione di gestione (Management Fee) fissa e pari a 1%-2,5% degli asset l'anno, applicata su base mensile o trimestrale, e una commissione sulle performance (Performance Fee) realizzate pari a 10%-30% dell'utile annuo o trimestrale. Di solito la commissione di performance è applicata solo se il valore della quota dell'Hedge Fund, alla fine del periodo di calcolo (trimestre o anno solare) è maggiore del valore raggiunto alla fine dei periodi precedenti.

- I mutual funds non possono proteggere i portafogli dai mercati in declino se non vendendo parte dei titoli in portafoglio o rimanendo liquidi. La loro caratteristica principale è quella di detenere posizioni *long-only* sulle varie asset class detenute in portafoglio. Al contrario gli hedge funds possono ottenere rendimenti positivi anche nei momenti di declino dei mercati attraverso la possibilità di vendere allo scoperto i titoli che ritengono possano deprezzarsi maggiormente. In aggiunta l'uso di strumenti derivati e della leva finanziaria senza limiti specifici permettono di amplificare i guadagni relativi alla posizione assunta . La possibilità di generare profitti sia dal lato long che dal lato short è collegata all'assenza di vincoli normativi che limitano il ricorso a posizioni prevalentemente speculative, diversamente da quanto avviene nei prodotti tradizionali. Per questo motivo il rendimento dei fondi comuni di investimento tradizionali dipende necessariamente dalla direzione dei mercati in cui hanno investito, mentre le performance degli *hedge funds* tendono ad avere una correlazione molto bassa con i movimenti e gli andamenti dei mercati finanziari. Le strategie usate variano sensibilmente a seconda del tipo di stile d'investimento e a seconda del tipo di "hedge fund" e, come risultato di queste strategie di "copertura", certi tipi di hedge funds possono generare ritorni positivi anche in caso di mercati in declino.

- I due tipi di fondi differiscono anche per il modo in cui sono valutati i portafogli. I mutual funds sono valutati su base giornaliera in base al metodo del Net Asset Value (NAV) ovvero il valore netto del patrimonio complessivo del fondo. Gli hedge funds, invece, nella maggior parte dei casi vengono valutati su base mensile.

- I mutual funds hanno obblighi normativi in merito all'informativa da fornire agli investitori, che deve contenere la descrizione della strategia di gestione adottata, il dettaglio degli strumenti finanziari in cui investe il manager e della governance interna del fondo. Il livello di liquidità è garantito dalla valorizzazione su base giornaliera delle quote del fondo (NAV) e queste sono disponibili per un vasta gamma di investitori senza elevati investimenti minimi all'entrata. Al contrario, la trasparenza garantita dagli hedge funds è estremamente ridotta e carente. Le strategie e le tecniche di gestione sono altamente riservate, la composizione del portafoglio non viene comunicata al pubblico e un'informativa minima viene fornita solo agli investitori del fondo. Per quanto riguarda il livello di liquidità, gli hedge funds sono soliti imporre un periodo minimo di immobilizzo dell'investimento (clausola di lock-up period) e un determinato periodo di preavviso in caso di richiesta di rimborso, che può variare a seconda del tipo di strumenti finanziari detenuti dal fondo. Questa limitazione è giustificata dalla necessità di evitare un possibile squilibrio finanziario dovuto ai flussi in uscita dal fondo, che possono essere considerevoli dato l'elevato ammontare delle singole quote. Il valore delle quote non viene comunicato al pubblico, mentre agli investitori vengono presentate le performance ottenute con una cadenza mensile o trimestrale.

Il Risk Management

Il ruolo del risk management, ossia la gestione del rischio, è estremamente importante nel successo di un hedge fund in quanto i rischi relativi alle varie strategie adottate sono più complessi rispetto a quanto accade per gli investimenti tradizionali. Il rischio legato a un hedge fund è diverso a seconda che si tratti del gestore o del sottoscrittore.

In quest'ultimo caso, il rischio è legato alla tipologia del fondo scelto. Tra i rischi che si possono citare troviamo:

- Il rischio di mercato: è il rischio legato all'andamento delle variabili che influenzano i mercati finanziari e vengono accentuati dalla leva finanziaria.

- Il rischio di credito: si manifesta con le controparti di transazioni finanziarie che possono rivelarsi insolventi oppure può provocare la perdita di valore di un titolo a causa del declassamento del merito di credito di un emittente.

- Il rischio di liquidità: si manifesta, invece, sotto diversi aspetti; in primo luogo il riferimento è alla liquidità degli strumenti finanziari in cui investe il gestore di Hedge Funds; in secondo luogo il rischio di liquidità si manifesta quando un hedge fund deve uscire da una posizione ma, a causa della sua scarsa liquidità, può farlo solo a un prezzo inferiore a quello desiderabile.

Alcuni fondi definiti "hedge funds" in realtà non proteggono dai rischi. Poiché il termine viene usato per una vasta gamma di fondi alternativi, esso include anche fondi che potrebbero usare strategie ad alto rischio senza proteggersi dai rischi di perdite. Ad esempio, una macro-strategia globale potrebbe speculare sui mutamenti nelle politiche economiche delle nazioni che influenzano i tassi d'interessi, che a loro volta influenzano tutti gli strumenti finanziari, valendosi di vari fattori d'incremento (leverage).

• Il ritorno può essere alto, ma così anche le perdite, quando gli investimenti direzionali di leverage (che non sono coperti) tendono ad avere un notevole impatto.

La maggior parte degli "hedge funds", tuttavia, cerca di proteggersi in un modo o nell'altro nei confronti del rischio, cercando di basarsi su un utile stabile e continuo piuttosto che su immensi utili (infatti, solo il 5 per cento degli "hedge funds" sono macro global funds). Strategie che si basano su un avvenimento, ad esempio come quelle d'investire in situazioni speciali o difficili riducono il rischio non essendo relazionate al mercato. Esse possono comprare titoli a interesse o trade claims di aziende che stiano riorganizzandosi, fallendo o che stiano attraversando altre forme di ristrutturazione, contando più su avvenimenti specifici di una società piuttosto che su casuali macro trends per influenzare il loro investimento.

Così in genere possono portare utili consistenti con inferiori rischi di perdite. Si pensi che il fondo Bridgewater di Ray Dalio ha guadagnato in una sola settimana 3,5 miliardi dollari, mentre da gennaio la percentuale di guadagno è del +20%.

Il gestore di questo fondo ha puntato sui pochi settori in salita: oro, bond tedeschi e giapponesi (dati di agosto 2011). Medesima strategia e risultati analoghi anche per Citadel Investment Group di Ken Griffin, un altro fondo che in questo periodo nero si è indubbiamente arricchito. Tutto il settore dei fondi hedge ha navigato tranquillo durante il periodo delle grandi turbolenze, con la sola eccezione del Paulson & Co e dell'Advantage Plus di John Paulson che hanno perso rispettivamente 30 miliardi di dollari e il 30% negli ultimi cinque mesi. L'errore è stato quello di aver avevano puntato sulla ripresa delle banche americane, che invece non è avvenuta.

- Gli hedge funds - in particolare i fondi di fondi che adottano approcci multistrategici - presentano sostanzialmente una scarsa correlazione rispetto alle classi d'investimento tradizionali, come, ad esempio, azioni e obbligazioni.

Per questo si prestano bene alla diversificazione del portafoglio. Inoltre offrono due altri vantaggi: da una parte, in tempi di relativa discontinuità e instabilità dei mercati, possono contribuire alla conservazione del capitale; dall'altra, in fasi di trend a più lungo termine e di una chiara direzione dei mercati, gli hedge funds consentono di partecipare alla loro performance positiva.

Per gli hedge funds, come e più che per i fondi comuni di investimento, vale il fatto che esistono gestori più bravi e gestori meno bravi, gestori più volatili e meno volatili.

La valutazione su quali gestori puntare deve, quindi, essere fatta in base al profilo di rischio dell'investitore e tenendo presente il trade-off rischio-rendimento. Inoltre, le varie strategie hedge performano in maniera differente in diversi scenari di crescita economica, di tassi d'interesse e di mercati azionari, elementi di cui è necessario tenere conto prima di ogni decisione di investimento. Alternativamente, la scelta può essere fatta da gestori di fondi di fondi, che compongono un portafoglio di fondi hedge diversificato in modo da garantire rendimenti assoluti in tutti o quasi gli scenari di mercato.

Gli Hedge Funds in Italia

In Italia i "fondi speculativi" hanno preso il via solo nel 2001, con l'autorizzazione, da parte di Banca d'Italia a Citco Kairòs, a lanciare sul mercato italiano i primi quattro fondi hedge di diritto italiano, con caratteristiche di rischio e di rendimento non correlate. La legislazione italiana ha, infatti, formalizzato la nascita di questi fondi solo nel 1999 tramite il Decreto 24 maggio n. 228 seguito a breve distanza da un provvedimento della Banca d'Italia. L'articolo 16 del Decreto detta le norme sui "fondi speculativi" (è questo il termine con cui la normativa italiana ha introdotto la figura degli hedge funds) a cui, come nelle tradizioni anglosassoni, concede maggiori gradi di libertà in fase di gestione e impone alcune limitazioni legate al numero dei partecipanti al fondo, all'ammontare minimo di investimento, alla sollecitazione dell'investimento presso il pubblico e alla pubblicità della documentazione contabile.

Articolo 16 : (Fondi speculativi)

Le SGR possono istituire fondi speculativi il cui patrimonio è investito in beni, anche diversi da quelli individuati nell'articolo 4, comma 2, in deroga alle norme prudenziali di contenimento e frazionamento del rischio stabilite dalla Banca d'Italia, ai sensi dell'articolo 6, comma1, lett. C) del Testo Unico.

- Il numero dei soggetti che partecipano a ciascun fondo speculativo non può superare le 100 unità; il Provvedimento della Banca d'Italia del 27 agosto 2003 ha innalzato il numero massimo di sottoscrittori, dagli originari 100 a 200, e ciò al fine di consentire una maggiore diffusione dei fondi speculativi. Tale vincolo è stato poi abolito da un decreto del novembre 2008.

- L'ammontare minimo di ciascuna sottoscrizione di fondi speculativi non può essere inferiore a 1.000.000 di euro, successivamente ridotta a 500.000 euro. I conferimenti successivi non hanno, invece, questo limite; infatti, l'importo minimo è fissato solo per la quota iniziale. L'abbassamento della soglia minima di investimento a 500.000 euro ha portato a un rapido incremento delle sottoscrizioni di fondi speculativi: a gennaio 2003 il patrimonio investito in hedge funds italiani toccava i 2,2 miliardi di euro, al 30 gennaio 2005 si attestava intorno ai 12,2 miliardi di euro, di cui 320 milioni di euro in fondi puri e 11,9 miliardi di euro in fondi di fondi.

- Le quote dei fondi speculativi non possono essere oggetto di sollecitazione all'investimento. La rilevanza di questa disposizione è evidente: l'investitore che conferisce capitale in un hedge fund può farlo solo di sua iniziativa, ovvero per sua esplicita richiesta presso la banca depositaria. Ciò implica che solo investitori informati, oltre che con un capitale rilevante, possono far parte di un fondo speculativo, il che restringe ulteriormente il range dei potenziali partecipanti. E' questo uno dei motivi per cui la maggior parte degli investitori sono istituzionali e la diffusione presso le famiglie permane ancora limitata.

- Il regolamento del fondo deve menzionare la rischiosità dell'investimento e la circostanza che esso avviene in deroga ai divieti e alle norme prudenziali di contenimento e frazionamento del rischio stabilite dalla Banca d'Italia. L'obbligo di indicare la rischiosità dell'investimento e di esplicitare che il fondo agisce in deroga ai principi prudenziali di contenimento e frazionamento del rischio, è stato inserito a beneficio dei sottoscrittori, i quali devono essere ben consapevoli di scegliere uno strumento con minori forme di tutela rispetto alle forme di investimento di tipo tradizionale.

- Nel regolamento del fondo sono indicati i beni oggetto dell'investimento e le modalità di partecipazione, con riferimento all'adesione dei partecipanti e al rimborso delle quote.

- La Banca d'Italia indica i casi in cui i fondi disciplinati dal presente articolo, in considerazione dei potenziali effetti sulla stabilità della società, possono essere istituiti o gestiti solo da SGR che abbiano come oggetto esclusivo l'istituzione o la gestione di tali fondi.

- Il valore della quota è reso noto mensilmente. Eventuali disinvestimenti richiedono periodi di attesa piuttosto lunghi, spesso oltre i 40 giorni. Nella prassi dell'industria degli hedge viene talvolta fissato un "lock-up period" ossia un periodo prima del quale non è possibile smobilizzare la somma investita

In pratica, la legge si è preoccupata di contenere la diffusione degli hedge funds ai soli soggetti che, tradizionalmente, sono stati interessati a questa tipologia di prodotti: gli investitori istituzionali e i privati che costituiscono la fascia più facoltosa della clientela. Questo per tutelare i piccoli investitori visto che la legge prevede che gli hedge funds deroghino alle normali limitazioni previste per gli investimenti, confinando, tuttavia, gli strumenti finanziari più sofisticati al di fuori della portata dei comuni investitori che si devono accontentare del "succedaneo" dei fondi flessibili. Nel novembre del 2008 è stata introdotta per i fondi hedge, in casi eccezionali, la possibilità di costituire i cosiddetti "side pockets", che consentono di trasferire le attività illiquide del fondo speculativo in un fondo comune d'investimento di tipo chiuso appositamente costituito (c.d. fondo chiuso di side pocket) e di modulare le richieste di rimborso del fondo speculativo nel rispetto dell'interesse e della parità di trattamento dei partecipanti.

Si tratta di una misura a tutela di tutti i partecipanti al fondo hedge, già prevista in altri ordinamenti, che può essere attivata solo in "casi eccezionali" in cui l'improvvisa riduzione del grado di liquidità delle attività detenute nei portafogli dei fondi, associata a elevate richieste di rimborso delle quote, può avere conseguenze negative per la gestione dei fondi stessi. Potrebbe essere necessario, infatti, smobilizzare le attività illiquide, in assenza di un mercato che assicuri la formazione di prezzi affidabili. In tali casi, per non pregiudicare l'interesse dei partecipanti al fondo hedge la creazione dei cosiddetti side pockets consente di trasferire le attività illiquide del fondo speculativo in un fondo comune d'investimento di tipo chiuso appositamente costituito e di modulare le richieste di rimborso del fondo speculativo nel rispetto dell'interesse e della parità di trattamento dei partecipanti. L'operazione si realizza attraverso la scissione parziale del fondo speculativo a seguito della quale le attività liquide continuano a essere detenute nel fondo speculativo, mentre quelle illiquide sono trasferite al fondo chiuso di side pocket. Il fondo speculativo, ridimensionato, ma liquido, continua a svolgere la propria attività secondo la politica d'investimento prevista nel regolamento di gestione, mentre il fondo chiuso di side pocket non può emettere nuove quote ed è gestito in un'ottica di smobilizzo delle attività illiquide detenute, procedendo ai rimborsi delle quote via via che le attività sono liquidate. I partecipanti al fondo speculativo ricevono un numero di quote del fondo chiuso uguale a quello che detengono nel fondo speculativo. Il fondo chiuso di side-pocket non può ovviamente effettuare investimenti, ma può solamente:

- Compiere le operazioni necessarie a liquidare le proprie attività.
- Negoziare beni con altri fondi gestiti dalla medesima SGR.
- Utilizzare strumenti finanziari derivati unicamente con finalità di copertura del rischio.

- Detenere disponibilità liquide, diverse da quelle finalizzate al rimborso delle quote, esclusivamente per far fronte alle spese di pertinenza dello stesso e per effettuare operazioni di copertura dei rischi.
- Assumere prestiti, della durata massima di 6 mesi, di importo massimo pari al 10% del valore complessivo netto del fondo, per far fronte a sfasamenti temporanei di cassa.

La SGR può imputare al fondo chiuso di side pocket solo le spese tassativamente elencate dalla Banca d'Italia e, cioè:
- Costi inerenti alla dismissione delle attività.
- Il compenso della banca depositaria.
- Le spese di revisione della contabilità e dei rendiconti dei fondi.
- Gli oneri finanziari e le spese per i prestiti assunti dal fondo.
- Le spese dei prospetti periodici e gli oneri fiscali di pertinenza del fondo.

La SGR non può percepire un compenso per la gestione del fondo chiuso, ma sono ammessi il recupero dei costi relativi all'amministrazione delle attività del fondo e la partecipazione della SGR al risultato della liquidazione. La definizione delle attività illiquide da trasferire al fondo chiuso è rimessa al prudente apprezzamento della SGR. A tal fine, la SGR deve tenere conto di molteplici fattori, relativi alla liquidità degli strumenti finanziari in portafoglio, alle caratteristiche del fondo e alle condizioni generali del mercato in cui sono trattati gli strumenti finanziari detenuti dal fondo stesso. Tra i beni che possono rappresentare "attività illiquide" (e che quindi possono essere trasferiti al fondo chiuso di side pocket) vi è anche il risparmio di imposta.

Nel caso in cui mutino le circostanze in base alle quali la SGR ha considerato illiquide determinate attività, trasferendole al fondo chiuso, l'organo amministrativo della SGR può, se consentito dai regolamenti dei fondi, deliberare il trasferimento delle stesse al fondo speculativo o ad altro fondo gestito dalla medesima SGR. Le SGR possono reinvestire, su richiesta dei partecipanti che risultino ancora titolari delle quote del fondo speculativo, il controvalore del rimborso delle quote del fondo chiuso di side pocket in quote o frazioni di quote del fondo speculativo, ovvero di altro fondo risultante da operazione di fusione del medesimo. L'istituzione del fondo chiuso di side pocket può determinare la diminuzione del numero di quote detenute dai partecipanti al di sotto di quello corrispondente, all'atto della prima sottoscrizione delle quote, all'importo minimo di sottoscrizione di 500.000 euro, previsto dall'articolo 16 del 1999. Tenuto conto del fatto che tale diminuzione è determinata da circostanze indipendenti dalla volontà del partecipante, in detta ipotesi il partecipante non è tenuto a reintegrare la propria partecipazione fino al minimo di 500.000 euro. La decisione di istituire il fondo chiuso di side-pocket deve essere comunicata dalla SGR tempestivamente a tutti i partecipanti al fondo speculativo, trasmettendo agli stessi la relazione, approvata dall'organo amministrativo della SGR, che illustra sinteticamente le motivazioni dell'operazione e le fasi in cui la stessa si realizza con il piano per lo smobilizzo delle attività illiquide.

I Fund of Funds

Un "fund of funds" è un fondo che investe in più hedge funds con l'obiettivo di diversificare il rischio degli hedge funds nei quali investe, cercando di sfruttare le strategie messe in atto da ciascun hedge fund. Per scegliere gli hedge funds su cui investire, il gestore effettua un processo comprendente:

- Un'analisi quantitativa, che comprende generalmente l'analisi delle performance storiche ottenute comparandole con quelle dei concorrenti, l'analisi del rischio, l'analisi della leva finanziaria utilizzata e il sistema di commissioni.

- Un'analisi qualitativa, che si occupa di studiare e valutare le strategie di investimento adottate, l'esperienza del gestore e dei suoi collaboratori, compresi i propri investimenti personali nel fondo, e la qualità delle informazioni diffuse.

Capire le caratteristiche e i profili di rischio dei vari "hedge funds" permette al manager del "fund of funds" di mescolare fondi che spesso possono garantire cospicui ritorni.

Generalmente, vengono effettuati investimenti in 15/20 hedge funds.

Uno dei vantaggi principali dei "fund of funds", oltre alla diversificazione del rischio, riguarda altresì l'importo minimo di ingresso, decisamente inferiore ai 500.000 euro richiesti per un ingresso diretto in un hedge fund (si parte da 20.000 euro), e la maggiore liquidabilità, settimanalmente o mensilmente.

Per contro le maggiori spese e commissioni penalizzano parzialmente questo strumento di investimento; infatti, i "fund of funds" si fanno pagare le commissioni di gestione, in media 1,5%, le commissioni di performance, in media il 10%, cui bisogna aggiungere le spese degli hedge funds, in media 1% come spese di gestione e 20% come spese di performance. Un "fund of funds" semplifica il processo di scegliere gli "hedge funds", mescolando i fondi per soddisfare quel rapporto rischio/ritorno e al contempo dividendo i rischi tra una varietà di fondi. Questo mescolare le differenti strategie e i livelli di beni è finalizzato a un ritorno più cospicuo di qualsiasi altro fondo d'investimento.

In questo modo è possibile:

- Liquidare le posizioni: sarà la SGR stessa a occuparsi di ricollocare la quota oppure ad assumersi il rischio di ricomprarla in proprio.

- Ridurre il rischio: il fondo di fondi scommette su differenti gestori, quindi garantisce la protezione della diversificazione.

Le strategie principali nella scelta dei fondi da inserire in portafoglio seguono quattro differenti stili:

- Target return: l'unico punto fermo è garantire un rendimento predeterminato e i fondi vengono selezionati in modo da garantire la minor volatilità possibile relativa all'obiettivo posto.

- Maximum return: in questo caso si parte da un'analisi di scenario macroeconomico per selezionare le tipologie di fondi che performano meglio in determinati contesti e, quindi, scegliere i singoli gestori.

- Dedicated strategy: in portafoglio vengono inseriti hedge funds con la medesima specializzazione in modo da garantire un effetto diversificazione non nell'ambito delle strategie utilizzate, ma dei singoli gestori.

- Combination: in questo caso, invece, viene creato un cocktail di fondi molto aggressivi, che aumentano il rendimento, e fondi estremamente conservativi, che aiutano a ridurre la volatilità del portafoglio.

Dal punto di vista operativo e finanziario, il fondo di fondi è di più semplice gestione rispetto a un fondo hedge puro, che necessita di molta esperienza in ambito di strategie finanziarie. Nel settore dei fondi di fondi, l'intermediario che si frappone tra investitore e gestore di un fondo hedge, non svolge solo le attività tipiche del settore tradizionale, quali il fund allocation, il fund picking e la diversificazione, ma migliora anche il grado di divisibilità delle opportunità di investimento, altrimenti carente a causa dell'elevato valore della quota minima di ingresso richiesta dai singoli hedge fund puri, e apre una via privilegiata di accesso a opportunità di investimento altrimenti non disponibili, in quanto gli hedge funds puri in genere sono restii, in quanto vicini alla full capacity, ad accettare nuovi investitori.

In Italia la maggior parte dei fondi di fondi hedge sono stati concepiti come fondi a strategia multipla, in quanto incorporano nel loro portafoglio di investimento quote di hedge funds puri eterogenei tra loro. In tal modo, viene diversificato sia il rischio finanziario, connesso alla strategia di investimento perseguita dal singolo hedge fund, sia il rischio gestore, ossia la possibilità di errore dovuta a carenze strutturali e operative del gestore del fondo hedge. La partecipazione ai fondi speculativi italiani comporta maggiori costi rispetto all'acquisto di quote di fondi tradizionali. L'investimento in un fondo speculativo si realizza mediante la sottoscrizione di quote, a fronte del versamento dell'importo corrispondente al valore delle quote stesse, che dal giorno del versamento effettivo al giorno di sottoscrizione, ossia la data da cui decorre la partecipazione ai rendimenti del fondo da parte dell'investitore, rimane accreditato su un conto infruttifero della SGR speculativa. L'investitore sopporta così, come ulteriore onere di ingresso al fondo, il costo opportunità dato dai mancati interessi sulla somma versata.

Strategie di investimento

Gli Hedge funds non rappresentano un gruppo omogeneo di investimento ma si caratterizzano per utilizzare stili di gestione e strategie di investimento alternativi. E' importante, quindi, capire le differenze fra le varie strategie adottate dagli Hedge Funds perché sono proprio queste a differenziarli. Le diverse strategie di investimento si distinguono per gli strumenti in cui investono. Una particolarità delle strategie degli Hedge Funds è che questi possono investire in strumenti non accessibili dai fondi di investimento tradizionali, quali i futures, le opzioni, i titoli garantiti o obbligazionari, le obbligazioni bancarie o nei crediti commerciali delle società con un basso rating o sottoposte a procedimenti concorsuali.

Sulla base delle strategie è possibile suddividere i fondi hedge in tre macro-categorie , che a loro volta presentano delle sotto categorie in base al particolare strumento di investimento o di evento del mercato utilizzato per trarre profitto, ognuna con gradi differenti di livello del rischio e profitto atteso, come evidenziato di seguito:

1. **Equity o Directional**: la correlazione con il mercato è variabile. Rischio-rendimento elevato.

   a) Long/short Equity Funds. I gestori acquistano titoli che ritengono destinati a salire e vendono allo scoperto i titoli che ritengono destinati a scendere mantenendo un'esposizione netta al rialzo del mercato.

   b) Short Selling. I gestori ricercano società sopravvalutate per vendere allo scoperto le azioni di questa società.

c) Sector funds. I gestori investono in titoli di società di paesi emergenti o in via di sviluppo.

d) Global Macro Funds. I gestori adottano un approccio opportunistico e top down, seguendo i principali cambiamenti nelle economie globali sperando di ottenere profitti da cambiamenti significativi nei tassi d'interesse globali, tassi di cambio delle valute, importanti cambiamenti nelle politiche economiche delle nazioni, ecc.

2. **Market Neutral Strategy**: la correlazione con il mercato è molto bassa o nulla. Rischio-rendimento medio-basso.

a) Equity Market Neutral. I gestori investono in titoli sia long sia short, cercando in media di avere un'esposizione netta al mercato molto bassa in modo da ridurre al massimo l'esposizione al rischio del mercato.

b) Fixed Income Arbitrage. I gestori giocano sullo spread tra titoli del reddito fisso simili. Spesso la leva finanziaria è molto alta perché gli spread sono molto bassi.

c) Convertible Arbitrage. I gestori giocano sullo spread tra differenti titoli di uno stesso emittente (es. l'azione ordinaria e l'obbligazione convertibile).

3. **Event Driven**: la correlazione con il mercato è bassa. Rischio-rendimento basso o molto basso.

a) Merger Arbitrage. I gestori giocano sullo spread tra società coinvolte in fusioni, acquisizioni e scalate ostili.

b) Distressed Securities. I gestori acquistano azioni o obbligazioni di società che sono vicine alla bancarotta o che sono in fallimento, nella convinzione che tali titoli si apprezzino, quando la compagnia uscirà positivamente dall'attuale situazione.

Da notare che alcuni gestori di hedge funds preferiscono combinare insieme diverse sottocategorie, rendendo la strategia finale applicata nell'investimento ancora più complessa.

(1) - Equity o Directional

Questi tipi di strategie hanno una maggiore esposizione alle fluttuazioni del mercato complessivo rispetto alle strategie neutrali. All'interno delle strategie direzionali ci sono un certo numero di sotto-strategie:

- Fondi sui mercati emergenti come la Cina e l'India.

- Fondi di settore specializzati in settori specifici, tra cui la tecnologia, sanità, biotecnologie, farmaceutica, energia e materiali di base.

- Fondi che utilizzano una strategia di "crescita fondamentale" investendo in aziende con più crescita degli utili rispetto al totale del mercato azionario.

- Fondi che utilizzando una strategia di "valore fondamentale" investendo in società sottovalutate.

(1a) - Long/short Equity Funds

Il concetto base della strategia long/short, quella maggiormente diffusa, è di assumere posizioni lunghe in titoli azionari che si ritiene possano avere una performance superiore al mercato e vendere allo scoperto i titoli azionari che, al contrario, si ritiene possano avere una performance inferiore a quella del mercato. Gli esperti di strategie di hedge azionario combinano investimenti azionari primari lunghi con vendite allo scoperto di titoli azionari o opzioni su indici azionari in quanto l'obiettivo dei gestori long/short è la costruzione di un portafoglio azionario i cui rendimenti non dipendano dall'andamento del mercato ma solo dalla loro abilità di selezionare le azioni. I loro portafogli vanno, quindi, dalle posizioni lunghe nette alle posizioni corte nette, a seconda delle condizioni del mercato conseguendo guadagni quando le prime si apprezzano e le seconde si deprezzano. L'impostazione di portafoglio che ne consegue si può, quindi, suddividere in:

- Net long, se le posizioni rialziste sono maggiori di quelle ribassiste (posizioni long > posizioni short).
- Net short, se le posizioni ribassiste sono maggiori di quelle rialziste (posizioni short > posizioni long)
- Equity Market, se le posizioni rialziste, come controvalore, sono esattamente pari alle posizioni ribassiste (posizioni long = posizioni short).

Generalmente l'esposizione netta al mercato è positiva, tendendo, quindi, ad avere una correlazione positiva con l'andamento dei mercati azionari. I gestori sono però a conoscenza del fatto che i prezzi dei singoli titoli possono, come spesso accade, fluttuare in risposta a fattori non legati all'evoluzione del mercato nel suo complesso. Occorre, quindi, effettuare un'adeguata stock selection al fine di guadagnare sia nelle fasi di rialzo sia in quelle di ribasso del mercato.

- Le posizioni corte vengono utilizzate per generare un profitto, piuttosto che fornire una copertura per le posizioni lunghe.

Mentre nelle fasi rialziste la strategia long può generare rendimenti incentrati sulla selezione dei titoli e sulle posizioni lunghe, tramite le posizioni short si garantiscono minore volatilità e un'inferiore esposizione al mercato nelle fasi ribassiste; per ottenere performance migliori di quelle del mercato, i gestori utilizzano le vendite allo scoperto e la copertura.

Una grandezza fondamentale che caratterizza un hedge fund gestito secondo la strategia long/short è l'esposizione netta al mercato (net market exposure) pari alla differenza tra l'esposizione lunga (EL) e quella corta (ES) il tutto rapportato al totale del capitale investito:

net market exposure = (EL – ES) / CAPITALE

Si ipotizzi che per ogni 100 dollari di capitale un fondo investe 180 dollari in titoli long e 100 dollari in titoli short, solo 80 dollari sarebbero long rispetto al mercato.
La net market exposure è, quindi, pari a:

net market exposure = (long - short) / capitale =
= (180 - 100) / 100 = 80%.

Il fondo investe, quindi, 280 dollari sui mercati azionari ma solamente 80 dollari sono esposti alle oscillazioni del mercato stesso. A tal proposito si possono distinguere due approcci differenti nel senso che esistono due tipi di gestori:

- I gestori cosiddetti prudenti che cercano di minimizzare il rischio tenendo l'esposizione al mercato tra lo 0 e il 100%

- I gestori più aggressivi che aumentano la loro esposizione oltre il 100% o in alternativa, mantengono un'esposizione corta netta.

La gestione di una strategia long/short risulta difficile da gestire in quanto le posizioni in portafoglio devono essere periodicamente ribilanciate a causa della correlazione di quest'ultime con l'andamento delle performance dei titoli. La strategia Long/Short Equity ha potenzialmente tre fonti di performance:

- Lo spread di rendimento tra le posizioni lunghe e quelle corte. In base alle aspettative del manager, le azioni sul lato long dovrebbero apprezzarsi, mentre quelle sul lato short dovrebbero deprezzarsi.

- Gli interessi attivi incassati dal contante depositato presso il prime broker nel caso in cui la liquidità ottenuta attraverso le vendite allo scoperto non venga interamente utilizzata per l'apertura di posizioni long.

- Lo spread tra i dividendi sulle varie posizioni. I dividendi ricevuti in contanti sulle posizioni long sono utilizzati per pagare i dividendi ai possessori delle azioni prese a prestito.

Esempio

Il fondo XY, specializzato nel settore finanziario, si attende una performance migliore di mercato del titolo ALFA e una peggiore del titolo BETA.
Decide pertanto di acquistare (long) il titolo ALFA e di vendere allo scoperto (short) il titolo BETA.
Il fondo costruisce, quindi, una posizione market neutral con un portafoglio con posizioni lunghe nel titolo con prospettiva di crescita superiore (ALFA) e posizioni corte nel titolo con prospettive di crescita inferiori (BETA).

69

Situazione iniziale:
- ALFA: 10 €
- BETA: 20 €

Aspettativa: apprezzamento di ALFA e deprezzamento di BETA.
Posizione:
- Acquisito 100.000 azioni di ALFA.
- Vendita di 50.000 azioni di BETA.

Market exposure:
- Esposizione lunga: 1.000.000 €
- Esposizione corta: 1.000.000 €

L'esposizione al rischio di mercato è nulla. Se le previsioni del fondo sono giuste guadagnerà indipendentemente dall'andamento del mercato. Infatti:

Ipotesi di mercato rialzista:
- ALFA: da 10 a 12 euro (+ 2 € = +20%)
- BETA: da 20 a 22 euro (+ 2 € = +10%)
- Variazione del portafoglio
  (2*100.000) – (2*50.000) = +100.000 €

Ipotesi di mercato ribassista:
- ALFA: da 10 a 9 euro (- 1 € = - 10%)
- BETA: da 20 a 16 euro (- 4 € = - 20%)
- Variazione del portafoglio
  - (1*100.000) + (4*50.000) = +100.000 €

(1b) - Short Selling

Diventati famosi dopo il crollo dei mercati nel 1997 e nel 2000, i gestori di fondi specializzati nello short selling, preferiscono andare contro corrente e il loro obiettivo è di trovare gravi problemi all'interno delle società prima che il mercato se ne accorga, assumendo posizioni lunghe e corte sul mercato azionario ma con un'esposizione al mercato net-short.

- I gestori che utilizzano tale strategia cercano di trarre profitto dalla diminuzione del valore di mercato di alcuni titoli azionari. Il manager vende allo scoperto i titoli: se il loro valore subirà una flessione il gestore otterrà profitti. Al contrario se i prezzi dei titoli aumentano, si concretizzerà una perdita.

Lo short selling è una strategia che permette di ottenere forti guadagni su archi temporali anche molto corti basandosi sul fatto che i prezzi delle azioni e degli altri strumenti finanziari scendono molto più rapidamente di quanto salgano. Se, infatti, un titolo può metterci mesi o anni a crescere del 50%, in una fase di mercato ribassista può rimangiarsi tutta la propria crescita anche nel giro di poche settimane per non dire di azioni che scendono anche oltre il 10% in un'unica giornata. La ragione di questo fenomeno che viene utilizzato dai gestori di hedge funds sta tutta nell'emotività presente in borsa: la paura di perdere porta, infatti, gli investitori a comportamenti molto più estremi e irrazionali del desiderio di guadagnare.

Le caratteristiche che una società dovrebbe avere per essere un ideale acquisto sono:

- Fondamentali in peggioramento e presenza di un evento catalizzatore capace di indurre cambiamenti avversi alla società nel breve termine.
- Società che fanno parte di settori con dinamiche di peggioramento influenzate negativamente da cambiamenti esterni.
- Transizione nell'assetto azionario.
- Società che hanno prezzi azionari gonfiati in quanto sono caratterizzate da basso cash-flow, alto price earnings e alta leva finanziaria.
- Società il cui management mente agli investitori, ad esempio, per mezzo dei cosiddetti "giochi contabili".
- Società che distruggono valore.
- Società con un elevato insider selling.

Il funzionamento della vendita allo scoperto risulta alquanto complesso e caratterizzato da diversi step. Il manager dell'Hedge Fund chiede a prestito a una Broker House i titoli che vuole shortare. Il broker non è il legittimo proprietario dell'azione ma a sua volta le preleva dal conto titoli di un investitore e le consegna al manager. Successivamente il gestore vende sul mercato le azioni e il ricavato finisce in un conto vincolato che l'Hedge Fund ha presso la Broker House, remunerato a un tasso monetario, lo "short rebate". Una parte degli interessi maturati viene trattenuta dal broker come commissione sull'operazione.

- Il manager effettua anche un deposito come margine di garanzia, il cosidetto "margin account", la cui consistenza varia a seconda del paese in cui viene effettuata l'operazione. Negli Stati Uniti il margine richiesto dalla Federal Riserve è pari al 50% del valore complessivo di mercato delle azioni prese a prestito. Il suddetto margine di garanzia può essere costituito o da cash o da titoli di proprietà del soggetto che effettua la short selling.

Ogni giorno il broker stima il plus o minus del valore dell'operazione basandosi sul prezzo di chiusura dei titoli oggetto della short selling su cui verrà successivamente ricalcolato il margine di garanzia.

- Nel caso sia inferiore a quello depositato ne risulta un profitto e la parte eccedente viene restituita al gestore e viceversa se il margin account risulta superiore il gestore incorre in una perdita.

L'operazione di vendita allo scoperto termina quando, attraverso l'acquisto sul mercato, il gestore è in grado di riconsegnare i titoli al broker che a sua volta li rideposita sul conto titoli del legittimo proprietario.

Il proprietario dei titoli non subisce alcun danno dall'operazione di short selling e ogni eventuale ricavo derivante dal possesso dei titoli continua a essergli assicurato dallo short seller. Il principale rischio a cui il gestore è sottoposto è legato all'incertezza della posizione del broker, il quale può richiedere anticipatamente la restituzione dei titoli a fronte di operazioni che il proprietario vuole effettuare come, ad esempio, vendere i titoli sul mercato o trasferirli su un altro deposito, il cosidetto "short squeeze".

I gestori che utilizzano la vendita allo scoperto hanno finalità assolutamente speculative.

- La long position è caratterizzata da perdite potenziali ben determinate, al massimo il 100% dell'investimento, e guadagni potenziali anch'essi ben determinati.
- Una speculazione della short position, invece, può comportare una perdita potenzialmente illimitata e dei guadagni potenziali ben determinati, al massimo il 100% dell'investimento.

Il risultato positivo di questa operazione dipende dall'abilità del gestore di attuare una corretta scelta dei titoli e di determinare il giusto timing in cui svolgere l'operazione.

Il titolo che maggiormente si adatta a essere shortato deve presentare le seguenti caratteristiche: elevato flottante, sopravvalutazione, scarse disponibilità finanziarie della società emittente.

Esempio

- Supponiamo che un investitore ritenga che il titolo X vada incontro a un movimento dei prezzi ribassista e, quindi, decida di vendere questo titolo anche se non lo possiede. Ad esempio, decide di vendere 1.000 azioni X al prezzo corrente di, supponiamo, 10 euro, impegnandosi a riacquistarle 5 giorni dopo.

- Verificata la disponibilità da parte del broker a prestare il quantitativo del titolo X oggetto di vendita, l'investitore vende e incassa il controvalore, pari a 10.000 euro. Il broker congela quanto l'investitore ha incassato dalla vendita più un ulteriore importo, detto margine di garanzia, supponiamo il 50%, quindi 5.000 euro.

- Qualora l'operazione non venga chiusa in giornata, il broker richiederà all'investitore il pagamento di un interesse sul controvalore dell'operazione, supponiamo pari al 20% su base annua. L'importo degli interessi dipenderà dalla durata dell'operazione; in questo caso abbiamo ipotizzato una durata di 5 giorni e, quindi, gli interessi da pagare saranno pari a:

(10.000 euro x 20% x 5)/36500 = 27,39 euro

- Supponiamo che, dopo 5 giorni, alla data di chiusura dell'operazione, le previsioni si siano rivelate esatte e il prezzo del titolo sia sceso a 9 euro. L'investitore potrà riacquistare le 1.000 azioni X al prezzo di 9 euro spendendo 9.000 euro e restituirle al broker che gliele aveva prestate, realizzando un profitto pari a:

$$10.000 - 9.000 - 27,39 = 972,61 \text{ euro}$$

Lavorando con lo short selling ci si assumono rischi più alti che operando in long tradizionale. Se, infatti, quando compro un'azione a 10 dollari, il massimo che sto rischiando è il 100% del mio capitale, in quanto se il titolo va a zero ho perso tutto il mio investimento, quando, invece, effettuo uno short selling su un titolo allo stesso prezzo mi sto assumendo un rischio potenzialmente molto più alto, teoricamente illimitato.

Infatti, se il titolo shortato iniziasse a muoversi verso l'alto inizierei a essere in perdita e se superasse quota 20 dollari, il doppio del mio prezzo di short, starei addirittura perdendo un importo superiore al 100% del capitale impiegato nell'operazione.

(1c) - Sector Funds

I gestori di hedge funds che perseguono l'approccio sector funds si contrappongono ai gestori globali e generalisti in quanto restringono l'universo di investimento esclusivamente su un settore specifico o specializzandosi su una specifica area geografica, sfruttando un particolare vantaggio informativo.

Il punto di partenza del processo d'investimento consiste nella ricerca e nell'identificazione dei titoli su cui essere long e dei titoli su cui essere short. Si tratterà di scegliere titoli in crescita che presentano valori degli utili e dei flusso di cassa ampiamente scontati rispetto al valore intrinseco della società o identificare quei titoli sottovalutati dal mercato.

Di fondamentale importanza, è l'attenzione che i gestori devono prestare verso qualsiasi elemento di carattere macroeconomico, monetario o ciclico, in grado di influire sia sul mercato azionario nel suo complesso che sul settore specifico. Inoltre, sarà necessario analizzare il micro-ambiente dell'azienda, al fine di monitorare il corretto posizionamento all'interno del settore.

Tipicamente i gestori di questa strategia costruiscono il portafoglio dell'hedge fund in modo bottom-up e in confronto con gli hedge fund generalisti hanno spesso una maggiore concentrazione in singole posizioni, sono più aggressivi e hanno un long bias su un singolo settore o su una singola area geografica.

Un portafoglio settoriale è solitamente caratterizzato dalla presenza congiunta di due componenti:

- Posizioni di base: ne fanno parte titoli tenuti a lungo termine che genereranno la maggior parte dei ritorni della strategia.
- Posizioni di copertura: ne fanno parte titoli venduti allo scoperto, ritenuti sopravvalutati, titoli a fini di speculazione e titoli di copertura.

La strategia Sector Funds presenta un punto di contatto con le strategie Event-Driven, in quanto anche gli specialisti di settore cercano un evento catalizzatore tale da puntare l'interesse degli investitori verso una determinata azienda che poi si tradurrà in un acquisto o in una vendita dei titoli a essa collegati.

I principali sector funds sono:

- Long/short technology-media-telecommunication: i gestori specializzati in questo settore cercano di individuare le società in base ai fallimenti e all'evoluzione dell'innovazione tecnologica.

- Long/short equity biotech: le performance su questa strategia si basano principalmente sulla promozione o sulla bocciatura di un farmaco da parte della FDA, Food and Drug Administration, che provoca forti movimenti nei prezzi delle aziende produttrici.

- Long/short equity gold: si caratterizza per avere posizioni lunghe e corte su investimenti collegati all'oro e ad altri materiali preziosi come l'argento o il platino.

- Long/short emerging market: i gestori di Emerging Market funds, focalizzano la loro attenzione sui mercati finanziari dei paesi in via di sviluppo ed emergenti.

Gli specialisti dei mercati emergenti basano le loro strategie sulle inefficienze presenti in questi mercati, cercando, quindi, di trarre profitto dal loro potenziale di crescita e da quei mercati ancora poco maturi cercando di individuare le società sottovalutate prima che il mercato se ne renda conto (approccio bottom-up e attenta analisi in loco delle diverse società).

In questo periodo i gestori cercano di sfruttare soprattutto i cambiamenti permanenti derivanti dalla crescita della classe media, soprattutto in Cina e in india che inizia ad adeguarsi agli standard occidentali determinando così una crescita elevata nel settore retail.

(1d) - Global Macro Funds

I fondi Macro, definiti come "Global Asset Allocators" sono Hedge Funds di enormi dimensioni in quanto si caratterizzano dal gestire e muovere ingenti masse di capitali in grado di condizionare l'intero mercato, dato che possono investire in ogni settore utilizzando qualsiasi strumento finanziario. Tra gli Hedge Funds che utilizzano questa strategia ci sono quelli più famosi come il Quantum Fund di George Soros, l'ADIA (Abu Dhabi Investment Authority), uno tra i primi al mondo per dimensione, che reinveste l'enorme liquidità accumulata con le esportazioni di petrolio, il norvegese Global.

Per identificare le opportunità d'investimento, i gestori usano un approccio di tipo top-down in quanto le scelte si basano sull'analisi delle variabili macroeconomiche e politiche relative ai diversi paesi in cui decidono di allocare i capitali. Con la strategia macro si cerca di anticipare i cambiamenti nei prezzi sui mercati finanziari assumendo spesso posizioni direzionali.

- Dopo aver identificato il trend da anticipare, con l'analisi top-down, il gestore cerca di individuare il giusto momento di ingresso nel mercato e lo strumento finanziario più idoneo. La performance del fondo dipende, quindi, unicamente dalla qualità e dalla tempistica delle previsioni dei gestori.

Solitamente chi opera con questa strategia agisce su mercati estremamente liquidi: azioni, obbligazioni, valute e materie prime, facendo uso spesso di strumenti derivati, come swap, forward, opzioni, futures e altri e ricorrendo in particolare alle vendite allo scoperto e alla leva finanziaria per aumentare l'impatto dei movimenti di mercato, cercando, allo stesso tempo, di evitare di influenzare i prezzi di mercato a proprio sfavore, il cosiddetto slippage, attraverso i movimenti delle proprie posizioni. Ogni decisione presa dal gestore deve essere coerente non solo con la sua visione macroeconomica ma anche con il profilo di rischio dell'intero portafoglio, in quanto il principale obiettivo di questa strategia, considerata spesso tra le più rischiose ma anche tra le più proficue, è la conservazione del capitale.

- A tal proposito i gestori sono sempre molto restii nel rivelare le proprie idee di investimento e, quindi, tale strategia presenta una scarsa trasparenza nei confronti degli investitori.

Un portafoglio tipo Global Macro contiene in media tra le 10 e le 15 posizioni ripartite sull'insieme dei mercati.

Esempio

Ipotizziamo di essere a febbraio 2008 in piena crisi dei mutui subprime. Un fondo cerca di anticipare l'evoluzione del tasso di cambio EUR/USD nei prossimi due mesi ipotizzando un ulteriore abbassamento del dollaro nei confronti dell'euro. Ipotizziamo che il tasso di cambio EUR/USD sia di 1,48 e che il nostro gestore del fondo preveda un tasso di cambio di 1,54 da qui a due mesi, a seguito della politica della Federal Reserve di continuare ad abbassare i tassi per sostenere la crescita dell'economia americana.

Per beneficiare delle sue previsioni il nostro fondo decide di andare long su un'opzione di cambio a barriera, "one touch", scadenza fine aprile, con il risultato di vedersi pagare 1.000.000 di euro se il cambio EUR/USD previsto a 1,54 è toccato o superato.

Il portafoglio si presenta, quindi, così:

- Posizione long su opzione EUR/USD 1,54
- Data di acquisto: 8 febbraio
- Data di scadenza: 30 aprile
- Importo: 1.000.000 di euro

- Prezzo di acquisto: 1,46
- Prezzo attuale: 1,48
- Prezzo atteso: 1,54
- Stop-loss: 1,44

Come si vede a ogni posizione viene attribuito un prezzo atteso e uno stop-loss; se uno di questi prezzi è toccato o superato, la posizione viene liquidata immediatamente, con un guadagno nel primo caso (raggiungimento di 1,54) o una perdita nel secondo (raggiungimento dello stop-loss a 1,44). Ad aprile 2008 si constata che il gestore del fondo ha ben anticipato i mercati in quanto il tasso ha superato lì obiettivo di 1,54 per attestarsi a 1,56. Il fondo ha guadagnato 1.000.000 di euro.

(2) - Market Neutral Strategy

La strategia d'investimento market neutral, variante della strategia long/short equity, è sicuramente uno dei campi di innovazione finanziaria che negli ultimi 15 anni ha avuto un notevole sviluppo. Si caratterizza per avere un portafoglio neutrale rispetto ai movimenti del mercato.

Si realizzeranno performance positive se le posizioni lunghe salgono più velocemente di quanto diminuiscono di valore le posizioni corte di portafoglio e viceversa.

L'investimento market neutral, nel modello statistico-matematico del Capital Asset Pricing Model (CAPM) può essere descritto come investimento a beta nullo o, per le strategie a reddito fisso, con duration pari a zero.

Il CAPM sostiene che il rendimento atteso di uno specifico investimento è funzione di due parametri: il rendimento atteso da attività prive di rischio e il premio medio per il rischio.

Il coefficiente alfa fornisce la misura dell'extrarendimento atteso da ciascun titolo sottovalutato ed è calcolato come differenza fra il rendimento medio atteso e quello prevedibile sulla base del premio per il rischio e il beta del titolo.

Alfa rappresenta, quindi, l'abilità del gestore nell'attività di stock picking ovvero di scelta dei titoli da includere in portafoglio con un rendimento indipendente dal mercato.

- Lo scopo del gestore in una strategia market neutral è la massimizzazione di entrambi gli alfa, quello relativo alle posizioni lunghe e quello inerente le posizioni corte mediante l'impiego di una gestione integrata, e non separata, delle stesse in un'ottica di portafoglio globale.

Di conseguenza, un portafoglio ottimo potrebbe essere composto da titoli con beta prossimi allo zero, neutrale, quindi, all'andamento dei mercati, ma capaci di generare un alfa positivo. Per il gestore non è semplice mantenere costante il beta prossimo a zero. Anche una sola piccola variazione nel prezzo di un titolo presente nel portafoglio ne modifica i pesi e di conseguenza il valore del beta.

Per questo motivo il gestore deve ribilanciare continuamente il portafoglio per mantenere il beta prossimo a zero. Dal punto di vista operativo, un gruppo di titoli è valutato in relazione all'altro o rispetto a un benchmark. Una volta identificati titoli con incongruenze nei prezzi, si può assumere una delle seguenti tre posizioni:

1. Acquistare i titoli sottovalutati e coprirsi dal rischio di mercato andando corto su titoli valutati correttamente.
2. Vendere allo scoperto titoli sopravvalutati e coprire il rischio di mercato tramite l'acquisto di titoli valutati correttamente.
3. Acquistare titoli sottovalutati e vendere allo scoperto titoli sopravvalutati.

La maggioranza dei portafogli market neutral è composta da un portafoglio diversificato di posizioni lunghe coperto con un portafoglio diversificato di posizioni corte.

Essi sono, quindi disegnati per trarre vantaggio da anomalie tra titoli e/o derivati, direttamente o indirettamente correlati e non da movimenti direzionali del mercato. La market neutral strategy comprende un'ampia varietà di tecniche di arbitraggio in ogni asset class e vuole trarre un rendimento dall'abilità dei managers nell'identificare valore e nel costruire le coperture.

E' bene sottolineare che dire market neutral può essere un'espressione fuorviante: non vuol dire automaticamente neutralità al rischio; la tecnica in esame, infatti, non va ad annullare la relazione positiva tra rischio e rendimento.

Le strategie di questo tipo neutralizzano semplicemente un genere di rischio a favore di un altro. Ad esempio nei portafogli azionari esistono due principali fonti di rischio:

- La selezione dei titoli. La stock selection implica incertezza sulle sorti di un particolare titolo.
- Il mercato. Il rischio di mercato rappresenta l'esposizione del titolo all'incertezza legata ai futuri movimenti del mercato nel suo complesso.

Poiché i gestori ritengono di poter prevedere l'andamento di un particolare titolo con maggiore precisione rispetto alla tendenza generale del mercato, cercano di neutralizzare i rischi complementari legati al mercato a favore del rischio di selezione dei titoli: il metodo consiste nell'assumere posizioni lunghe in azioni che a loro parere potranno guadagnare più del mercato e una quantità equivalente di posizioni corte su quei titoli che secondo loro registreranno performance inferiore al mercato.

- Gli specialisti in strategie market neutral si servono di modelli software quantitativi per creare un vantaggio statistico nella scelta dei titoli e un vantaggio strategico nel controllo del rischio sistemico.

Quest'approccio è studiato per ottenere utili costanti con una volatilità molto bassa per diversi contesti di mercato. In altre parole, i profitti dipendono esclusivamente dalla capacità di stock selection dei titoli sopra e sottovalutati, indipendentemente dalla direzione del mercato e dal market timing.

All'interno delle strategie Market Neutral distinguiamo tre diversi tipologie:

- Equity Market Neutral, che investono nel mercato azionario cercando di mantenere un'esposizione nulla nei confronti del mercato.

- Fixed-Income, che eseguono operazioni di arbitraggio su titoli a reddito fisso.

- Convertible Arbitrage, che effettuano operazioni di arbitraggio su titoli convertibili.

(2a) - Equity Market Neutral

La strategia d'investimento Equity Market Neutral (EMN) rientra nelle strategie attuate da investitori istituzionali ed è una variante della più nota Long-Short Equity. Con la modalità Long-Short s'intendono strategie nelle quali possono essere assunte posizioni sia lunghe sia corte sugli strumenti utilizzati. In questo modo il portafoglio detenuto potrà essere completamente long o anche totalmente short.

La variante EMN presuppone la medesima flessibilità operativa, con la differenza che, in questo caso, le esposizioni lunghe, come controvalore, sono esattamente pari a quelle corte. E' una strategia che cerca di ottenere guadagni costanti nel tempo, evitando l'esposizione a specifici rischi di mercato. A tal proposito, è bene sottolineare che la neutralità al mercato non implica un'automatica neutralità al rischio. La tecnica in esame non annulla la relazione complessiva tra rischio e rendimento, ma limita l'esposizione a uno specifico rischio rispetto a un altro.

- Nei classici portafogli azionari esistono due principali fonti di rischio: la selezione dei titoli operata dal gestore e l'esposizione al mercato che il gestore decide di assumere.

La stock selection implica incertezza sulle sorti di un particolare titolo. Il rischio di mercato, invece, rappresenta l'incertezza rispetto ai futuri movimenti del mercato nel suo complesso. Poiché i gestori ritengono di poter prevedere l'andamento di un particolare titolo con maggiore precisione rispetto alla tendenza generale del mercato, cercano di annullare i rischi legati al mercato a favore di quelli insiti nella selezione dei titoli.

Spesso questa strategia viene anche chiamata "doppio alfa", perché si prefigge di generare rendimenti assoluti sia dalle posizioni long sia da quelle short, esponendosi al contempo a un rischio sistematico pari a zero.

Il successo di quest'approccio alla gestione è testimoniato dal diffondersi dell'utilizzo di questa strategia tra gli operatori, attratti dai possibili rendimenti slegati dal mercato. Sulla base di queste premesse, vediamo quali sono gli step necessari per implementare una strategia EMN. Dopo l'individuazione del paniere da cui attingere gli strumenti operativi (utilizzando un criterio geografico o merceologico) occorre definire anche il criterio con cui assumere una posizione long o short: ad esempio, l'analisi fondamentale o macroeconomica oppure un algoritmo matematico/quantitativo.

• La strategia comporta la scelta di posizioni sia long sia short in egual misura: sottostante una tale strategia vi è la scommessa che le posizioni long sovra-performino il settore o il mercato e viceversa per le posizioni short, producendo, quindi, una performance che sia indipendente dalla forza o direzione del settore/mercato di riferimento.

Il valore generato dalla strategia dipende dalla capacità del gestore di individuare le tendenze relative ai vari titoli, settori o indici. La bontà dell'operatività dovrebbe produrre rendimenti addizionali costanti nel tempo, dando al portafoglio una volatilità contenuta che deriva dall'esposizione neutra al mercato. In questo modo la reale direzione del mercato non sarà determinante nel successo della strategia: la creazione di valore, il cosiddetto "alfa", sarà determinata dalla bontà della selezione iniziale dei titoli sia long sia short. Una strategia di questo tipo può essere implementata utilizzando sia singoli titoli azionari sia ETF.
Essa può, anche, prevedere diverse direzioni:

1. Scegliere i titoli/settori che si ritiene possano fare meglio del mercato, sui quali assumere una posizione long, e shortare l'indice generale.
2. Scegliere i titoli/settori che si ritiene possano fare peggio del mercato, sui quali assumere una posizione short, e assumere una posizione long sull'indice generale
3. Individuare sia i titoli/settori long, sia quelli short.

Analizzando queste tre strategie appaiono evidenti le problematiche che gli investitori tradizionali incontrerebbero nella loro applicazione, legate alla difficoltà di poter vendere allo scoperto le azioni/settori/mercati che si ritengono essere sopravvalutati. Quest'operazione non è consentita da tutti gli intermediari, e quando è consentita, è disponibile solo su determinati titoli e solo in modalità intraday, annullando, di fatto, la logica di fondo di tale strategia.

- E' in questa inefficienza del mercato che possono trovare terreno fertile i numerosi ETF Short, appartenenti alla tipologia "strutturati", ormai presenti nell'offerta di numerosi emittenti.

In particolare, la costruzione della strategia può incentrarsi sullo studio dell'andamento dei settoriali che compongono l'indice Stoxx 600 (comprendente i 600 titoli più capitalizzati dell'intero mercato europeo).

- L'operatività consiste nel delineare attraverso vari criteri, fondamentali o quantitativi, quali sono i comparti merceologici con i migliori fondamentali finanziari ed economici o a più alta forza relativa. Dall'altro lato, si procede con l'individuare i settori meno virtuosi. A questo punto è possibile utilizzare sia gli ETF long sia quelli short.

I portafogli sono costruiti in modo tale da avere un rischio sistematico quasi nullo: in termini finanziari, il beta del portafoglio è mantenuto vicino allo zero pareggiando la media ponderata dei beta dei singoli titoli in posizione lunga con la media ponderata dei beta dei titoli in posizione corta. Al fine di ridurre ulteriormente il rischio, viene normalmente mantenuto un elevato numero di posizioni differenti. Tale strategia presenta una bassa correlazione con i mercati azionari e generalmente presenta un livello di leverage massimo di due volte il capitale del fondo.

Esempio

Si consideri un portafoglio ipotetico del valore di 100.000 € e un'ipotesi iniziale, (derivante da un analisi macro o fondamentale o tecnica dei settori componenti l'indice), in cui si ritiene che i settori "non ciclici", ossia meno legati alla congiuntura economica, siano in grado di sovraperformare quelli "ciclici".

Si consideri di investire 10.000 € in ogni posizione, sia long, sia short: avremo in questo modo un massimo di cinque posizioni long e cinque posizioni short, i cui rispettivi controvalori sono equivalenti.

Ipotizziamo che la view di mercato delinei una possibile sovra performance dei settori Alimentare, Farmaceutico, Telecom, Utilities e dei Beni per la casa/persona rispetto a quella di altri comparti come quello Bancario, Assicurativo, Oil & Gas, Industriale e Risorse di base. Avremo in questo modo individuato cinque settori su cui assumere posizione long e cinque su cui assumere posizione short.

Long	CTV	Short	Ctv
Alimentare	10.000 €	Bancari	10.000 €
Beni Casa	10.000 €	Assicurativi	10.000 €
Farmaceutico	10.000 €	Energetici	10.000 €
Telecom	10.000 €	Industriali	10.000 €
Utilities	10.000 €	Risorse base	10.000 €
Totale	50.000 €		50.000 €

Una volta costruito il portafoglio, esso andrà regolarmente monitorato, anche alla luce di possibili disallineamenti tra il controvalore destinato agli strumenti long e quello degli strumenti short. Quando opportuno, ossia quando si rilevano discrepanze significative, è utile procedere a dei piccoli ribilanciamenti. Nella costruzione di questo portafoglio vengono in ausilio gli ETF settoriali sia long sia short che consentono un'esposizione immediata e trasparente.

In particolare occorre che nell'utilizzo degli ETF short vi sia una completa comprensione del loro funzionamento al fine di farne un corretto uso. Questi strumenti, infatti, ribilanciano su base giornaliera la posizione corta affinché la performance giornaliera dell'ETF short sia costantemente pari a -1 la performance del mercato sottostante. Su periodi superiori al giorno entra però in gioco l'effetto "path dependency", definito letteralmente come dipendenza dal percorso seguito dal mercato sottostante, in base al quale la performance dell'ETF short può risultare non speculare all'andamento inverso dell'indice in un orizzonte temporale superiore a un giorno.

Un esempio chiarirà meglio la fattispecie: ipotizziamo che l'indice sottostante quoti il primo giorno 100, il secondo 110 (performance +10%) e il terzo 88 (performance -20% dal secondo giorno), con una performance finale pari a -12%.

Se ci fosse una totale specularità tra indice ed ETF short, dovremmo avere per quest'ultimo un rendimento pari a +12% e una quotazione che si attesta a 112 (al lordo di eventuali costi).

Vediamo perché così non è: ipotizziamo un valore iniziale anche per l'ETF di 100.

Indice		ETF Short	
Valore	Performance	Valore	Performance
T0 100	10%	T0 100	-10%
T1 110	-20%	T1 90	20%
T2 88	-12%	T2 108	8%

- Alla fine del primo giorno, al guadagno dell'indice sottostante (+10%, come da esempio precedente) seguirà una perdita per l'ETF short del 10% e una quotazione a fine giornata pari a 90.

- Il secondo giorno, sempre a seguito della performance dell'indice (-20%), l'ETF short avrà un guadagno del 20% che lo porterà a quotare 108.

- Complessivamente la performance sarà stata pari a +8%, ossia diversa dal valore che ci si attenderebbe se l'ETF short non fosse ribilanciato giornalmente.

Di conseguenza, gli investitori devono tenere in considerazione con particolare attenzione questo effetto nell'implementazione di una strategia di EMN procedendo quando necessario al ribilanciamento delle posizioni. L'avvento degli ETF short ha, per la prima volta, aperto a tutti gli investitori l'opportunità di implementare strategie come l'Equity Market Neutral fino a pochi anni fa a esclusivo appannaggio degli investitori istituzionali. A ogni modo le loro caratteristiche e meccanismi di funzionamento vanno afferrati correttamente al fine di sfruttarne opportunamente le potenzialità e nonché comprenderne i limiti.

(2b) - Fixed Income Arbitrage

La strategia Fixed Income Arbitrage (strategia di arbitraggio sui titoli a reddito fisso) prevede l'assunzione di posizioni lunghe e corte, di compensazione, in titoli simili del reddito fisso, quali Buoni del Tesoro, obbligazioni societarie, swap, titoli garantiti, debito di paesi dei mercati emergenti, i cui valori sono matematicamente o storicamente correlati ma il cui rapporto è considerato temporaneamente sfasato, con un intenso ricorso alla leva finanziaria per amplificare i ridotti guadagni unitari.

- Gli arbitraggisti cercano di proteggersi dalle fluttuazioni dei tassi d'interesse acquistando titoli a reddito fisso a un prezzo favorevole e contemporaneamente tramite la vendita allo scoperto di un pari importo di titoli sempre a reddito fisso ma a un prezzo più elevato.

La scelta di titoli altamente correlati ai tassi di interesse comporta che un aumento dei tassi influirà negativamente sulla posizione lunga e positivamente su quella corta. Si realizzerà un guadagno quando il rapporto tra i titoli rientra nel gap stimato dai managers. Questa strategia non si basa sulla previsione della direzione del mercato bensì sulla neutralizzazione delle fluttuazioni dei tassi di interesse.

A tal proposito gli strumenti maggiormente utilizzati per l'analisi delle probabilità dei possibili scenari che possono manifestarsi sul mercato sono le curve di rendimento, le curve di volatilità, i flussi di cassa attesi, i rating creditizi, congiuntamente al verificarsi di crisi finanziarie internazionali o al diverso andamento dei tassi da quello previsto in seguito alle decisioni prese dalle principali Banche Centrali.

- La correlazione tra titoli simili è calcolata tramite la duration, che misura la sensibilità del prezzo di un'obbligazione alle oscillazioni dei tassi di interesse.Le obbligazioni con duration più lunghe saranno più sensibili a una variazione dei tassi di interesse e, quindi, più pericolose.

Per cercare di contenere il rischio gli arbitraggisti sono soliti comprare un'obbligazione e venderne un'altra allo scoperto con durata simile, per controbilanciare in egual misura gli effetti dovuti a una variazione dei tassi. Si cerca, quindi, di costruire portafogli tali da non essere influenzati dalle variazioni dei tassi di interesse, cercando di minimizzare o di azzerare la duration complessiva del portafoglio. Normalmente, data l'esiguità di detti sfasamenti, viene ampiamente utilizzato la leva finanziaria, normalmente fino a 5 volte il capitale del fondo. Un esempio tipico di spread molto usato dagli arbitraggisti è il Treasury-to-Eurodollar.

Si supponga che il prezzo di un Treasury a 10 anni sia pari a 95,70, con un rendimento implicito del 5% e che il futures sull'euro/dollaro valga 93,50 con un rendimento implicito del 6,30%.

Lo spread tra le due obbligazioni è pari a:

$$95,70\text{-}93,50 = 1,20.$$

Lo spread è quindi quotato a 120 p.b.

Il manager, dopo un'attenta analisi prevede che questo spread si amplierà fino a 130 p.b. a causa di incertezze insorte sui mercati finanziari internazionali.

Acquisterà di conseguenza futures sul Treasury perché si aspetta una performance superiore rispetto al mercato e venderà futures sull'euro/dollaro in quanto si aspetterà una performance inferiore rispetto al mercato.

L'operazione si svolge nella maniera seguente:

- Acquisto 15 contratti futures sul Treasury a 95,70.
- Vendita 15 contratti futures sull'Eurodollar a 93,50.
- Spread reale 120 p.b.
- Spread ipotizzato 130 p.b.

Complessivamente si ha un utile che deriva dai futures sull'euro/dollaro pari a:

15 p.b x $ 25 per p.b. x 15 contratti = $ 5.625

e una perdita che deriva dai futures sul Treasury pari a:

5 p.b x $ 25 per p.b. x 15 contratti = $ 1.875

Si ottiene così un utile netto pari a:

$ 5.625 - $ 1.875 = $ 3.750

I manager ricorrono spesso all'utilizzo della leva finanziaria per aumentare i profitti in quanto gli spreads per implementare le strategie sono spesso molto ridotti (un paio di decine di punti base). Dato che si tratta di fondi che operano su strumenti a reddito fisso, caratterizzati da bassa duration e rendimenti target moderati, la leva è quasi indispensabile per raggiungere i rendimenti prefissati; infatti, dal momento che si costruiscono arbitraggi su spread molto ridotti la leva diventa un elemento necessario per avere una moltiplicazione dell'utile (amplificazione dei rendimenti).

- Un particolare aspetto della strategia Fixed Income Arbitrage è costituita dal Carry Trade.

Il Carry Trade è la pratica speculativa consistente nel prendere a prestito del denaro in paesi con tassi di interesse più bassi, per cambiarlo in valuta di paesi con un rendimento degli investimenti maggiore in modo di ripagare il debito contratto e di ottenere un guadagno con la medesima operazione finanziaria. Solitamente per mettere in atto un'operazione di Carry Trade vengono scelte monete che godono di un cambio stabile nel tempo mentre l'investimento è rivolto a strumenti a basso rischio, quali titoli di Stato. L'utilizzo della leva finanziaria permette poi di moltiplicare i rendimenti delle operazioni, ma incrementa anche i rischi corsi. Per questo motivo, in campo valutario, spesso vengono scelte divise solide che consentono di evitare un'eccessiva volatilità. Per evitare i rischi particolari di asset poco liquidi o dotati di un profilo di rischio diverso da quello del sistema paese di riferimento, i carry trader tendono a operare principalmente (ma non esclusivamente) in titoli del debito pubblico.

Esempio

Prendiamo a riferimento la situazione economica del Giappone nei primi anni 2000: in questo caso gli investitori stranieri operavano in un mercato che presentava, in maniera pressoché stabile (1996-2007), un tasso di cambio dollaro/yen di 1/120 (0,00833) e un tasso di interesse dello 0,25%.

- Il disallineamento dei tassi rispetto alla media internazionale consentiva di prendere a prestito denaro in yen a un "prezzo" molto basso, di cambiarlo in valute straniere che venivano investite in titoli di stato o altri strumenti finanziari a rischio nullo e che presentavano un rendimento del 3% o superiore. L'investitore guadagnava, in tal modo, sul differenziale fra i tassi di interesse; scaduto il titolo di stato, il denaro veniva, infatti, riconvertito dalla moneta straniera in yen per pagare il debito contratto in Giappone.

Per l'investimento finanziario non è rilevante che il tasso di cambio sia a favore o meno di quella straniera, purché sia stabile nel tempo e resti sostanzialmente invariato dal momento in cui viene contratto il prestito a quello in cui si viene restituito. Prima della crisi della fine del 2008 lo Yen aveva un tasso di interesse vicino allo 0% mentre molti altri stati offrivano un tasso tra il 4% e l'8%. Bastava, quindi, andare short sullo Yen contro un'altra moneta per guadagnare semplicemente sulla differenza del tasso di interesse. Teoricamente quest'operazione non dovrebbe, tuttavia, essere possibile. Se un'area è caratterizzata da bassi tassi di interesse vuol dire che vi sono minori rischi di deprezzamento della valuta, dato che il tasso di crescita della quantità di moneta è inferiore. Se, per contro, le altre aree valutarie hanno tassi di interessi maggiori significa che il valore delle altre valute nei confronti di quella con bassi tassi di interesse è destinato a diminuire nel tempo in modo da annullare il differenziale dei tassi. Questo non è avvenuto però in Giappone, dove la Banca centrale negli ultimi dieci/quindici anni ha ridotto al minimo i tassi e ha cercato di aumentare la massa monetaria. Per effetto di questa politica lo yen non solo non si è rivalutato nei confronti della altre valute, ma si è addirittura deprezzato. L'indebolimento della valuta asiatica è stato anche determinato dal fatto che l'indebitamento in yen comporta la vendita di questa moneta, che, quindi, è stata messa sotto pressione da vendite continue, contro l'acquisto di un'altra valuta.

Un carry trade può avere 3 sviluppi:

- La trade va contro di me, perché lo Yen si rafforza. In questo caso il mio account si riduce a causa della posizione in negativo, ma recupero parte delle perdite grazie ai guadagni sulla differenza dei tassi di interesse.

- I prezzi oscillano in un range e non si muovono più di tanto. In questo caso guadagno la differenza sul tasso di interesse.
- I prezzi vanno nella mia direzione perché lo Yen si indebolisce. In questo caso guadagno per via della trade vincente e in più guadagno per la differenza sul tasso di interesse.

Chiaramente questo scenario era molto invitante per tutti, soprattutto per i grossi operatori di mercato che possono operare con grosse somme di denaro.

(2c) - Convertible Arbitrage

La strategia Convertible Arbitrage consiste nell'assumere una posizione lunga sulle obbligazioni convertibili di una società e la contemporanea vendita allo scoperto delle azioni della stessa società. Il processo d'investimento prende le mosse dall'analisi di tutte le società che emettono obbligazioni convertibili al fine di individuare quelle sottovalutate e che presentino discrepanze di prezzo rispetto al titolo sottostante. I profitti vengono in tal caso generati dai rapporti di prezzo tra le obbligazioni convertibili e i titoli azionari sottostanti, comprando appunto l'obbligazione convertibile e vendendo allo scoperto l'azione sottostante. La vendita allo scoperto delle azioni genera la liquidità necessaria per l'acquisto del convertible bond.

• La natura ibrida dei titoli convertibili dà, quindi, agli investitori la downside protection di un titolo a reddito fisso e l'upside potential, ovvero la volatilità positiva dell'azione, del capitale azionario.

• I rischi, però, sono sia quello proprio del mercato azionario, sia quello insito nei tassi di interesse, sia il currency risk, dato dall'investimento in convertible bond denominati in diverse valute, anche se di solito l'impatto di questa tipologia di rischio viene attenuato attraverso l'impiego di contratti futures e forward su valute.

La strategia consiste nell'acquisto di obbligazioni convertibili e nella contestuale vendita allo scoperto di un determinato numero di azioni appartenenti alla medesima società in modo tale da coprirsi dall'esposizione al mercato. In generale il prezzo del titolo convertibile diminuisce meno rapidamente del prezzo del titolo sottostante in un mercato azionario in fase di ribasso e riflette con maggior precisione il prezzo del titolo azionario in un mercato azionario in fase di rialzo.

- Il delta (coefficiente che indica la sensibilità del valore di un'obbligazione convertibile o di un'opzione al variare del prezzo dell'azione sottostante) determina l'ammontare di azioni da vendere allo scoperto per neutralizzare le variazioni di prezzo delle obbligazioni convertibili in posizione lunga con le variazioni di prezzo delle azioni in posizione corta detenute in portafoglio.

La posizione è periodicamente riaggiustata a causa dei cambiamenti nel prezzo dell'azione e del delta.

E' di fondamentale importanza, quindi, al fine di impostare un arbitraggio su questi titoli, costruire un hedging ben strutturato. In teoria per coprire posizioni in titoli convertibili si effettuano vendite allo scoperto dei titoli sottostanti o di strumenti collegati che vadano a compensare la posizione long. In questo modo, poiché le due posizioni sono inversamente correlate, le fluttuazioni in una posizione sono compensate da quelle opposte nell'altra e il risultato dovrebbe essere neutralità rispetto ai movimenti del mercato. La copertura di titoli convertibili, se propriamente eseguita tramite la vendita allo scoperto di azioni ordinarie porta due tipi di vantaggi:

1. L'azione sottostante ha la correlazione più elevata con il convertibile e i profitti sono pari alla diminuzione di prezzo delle azioni moltiplicata per il numero di azioni vendute allo scoperto, meno i dividendi da corrispondere agli azionisti ai quali va però sommato lo short rebate.

2. Deriva da quello che viene chiamato short rebate (o rimborso sul corto) cioè l'interesse ottenuto dall'investimento del cash della vendita allo scoperto in un conto fruttifero del mercato monetario.

Tenendo fede alla natura neutrale della strategia, gli specialisti del fondo così concepito cercano di investire in obbligazioni convertibili i cui prezzi possano scendere meno rapidamente del titolo azionario sottostante in un mercato in fase di ribasso e riflettano il prezzo dell'azione in modo più preciso in un mercato in rialzo. Come tutta la famiglia market neutral, anche la Convertible Arbitrage, ha interessanti caratteristiche di rendimento e di performance in diversi scenari di mercato.

- La migliore situazione si ha quando il mercato obbligazionario è in salita e quello azionario in discesa.
- La peggiore è quella in cui l'azionario è piatto e l'obbligazionario è in discesa.

In ultima analisi bisogna aggiungere che, data la natura ibrida dei titoli convertibili e il comportamento sbilanciato verso l'upside potential piuttosto che verso il downside risk, possono essere utilizzati come componenti di strategie alternative tanto equity quanto reddito fisso.

(3) - Event Driven

Le strategie Event Driven sono specializzate nell'operatività di titoli (azioni, obbligazioni, obbligazioni convertibili, altri strumenti ibridi) soggetti a operazioni di finanza straordinaria come merger & acqusition, scissioni, spin off, ristrutturazioni.
Le strategie Event Driven comprendono:

- Le strategie di Merger Arbitrage, che sono quelle con un particolare focus nel settore delle acquisizioni.
- Le strategie di Distressed Securities, che sono quelle nel settore delle ristrutturazioni del debito societario.
- Negli ultimi anni si sta facendo largo una nuova categoria di fondi event driven, gli Activist, che assumono pacchetti azionari rilevanti per poter influenzare la governance delle società al fine di migliorarne la gestione.

La performance di queste strategie non dipende, quindi, dalla direzione dei mercati ma dalle opportunità derivanti da cambiamenti di rilievo e straordinari sui titoli di società che stanno attraversando modifiche di carattere strutturale, quali fusioni, acquisizioni, scorpori, ristrutturazioni, riacquisto di azioni, scalate ostili. Queste situazioni sono definite "special situations" in quanto caratterizzate da eventi catalizzatori la cui redditività si basa sulla possibilità che determinati eventi si verifichino e comportino un aumento del valore degli strumenti finanziari oggetto dell'investimento.

102

I gestori usano un approccio di tipo botton-up in quanto le decisioni si basano sulla ricerca fondamentale e la conoscenza dei settori industriali.

(3a) - Merger Arbitrage

Nella strategia Merger Arbitrage vengono individuate le società prossime a operazioni di acquisto o fusione e, tra queste, vengono selezionate le possibili situazioni di arbitraggio. Il gestore compra i titoli solamente dopo che è stata annunciata l'operazione straordinaria e scommette sull'aumento del loro valore a operazione conclusa.

In particolare, la strategia viene implementata attraverso una posizione long sulle azioni della società che deve essere acquisita e una posizione short sulle azioni della società acquirente e sfrutta, quindi, l'arbitraggio sullo spread tra i prezzi delle società coinvolte.

- Di solito queste transazioni comportano lo scambio di titoli in cambio di denaro, di altri titoli o di una combinazione dei due.

In queste situazioni si verifica che il titolo della società che verrà acquistata registra un netto aumento anche se potrebbe non raggiungere il prezzo offerto dall'acquirente.

Il differenziale tra prezzo offerto e prezzo effettivo è chiamato spread. Lo spread è negativo quando il prezzo effettivo risulta superiore a quello dell'offerta, ad esempio per effetto di una probabile entrata in campo di altri offerenti. Di solito però lo spread è positivo e rappresenta il compenso che il gestore dell'hedge fund percepisce per il periodo che intercorre tra l'annuncio e il perfezionamento della fusione e per il rischio che si assume se tale fusione non andasse a buon fine.

Il successo di questa strategia dipende, quindi, dal completamento delle operazioni di fusione e acquisizione.

Per cui maggiore è il rischio che una transazione fallisca e maggiore è l'ampiezza dello spread. Per evitare di incorrere in perdite i gestori di hedge fund effettuano delle ricerche sull'operazione di fusione o acquisizione in maniera da assegnare una probabilità ai vari esiti della transazione. Le fonti di informazione sono i documenti pubblici sulle società, i bilanci societari, i report degli analisti, i SEC filing quali 10K, 10Q, proxy, tender document, merger agreement. Fondamentale è, quindi, l'analisi degli ipotetici scenari e delle potenziali perdite o guadagni che si possono verificare da parte del gestore.

- L'obiettivo è quello, come in tutte le strategie non direzionali, di realizzare profitti indipendentemente dalla direzione del mercato tramite arbitraggi.

Dopo che una società annuncia l'intenzione di acquisirne un'altra, il prezzo della società target deve salire, non comunque al livello dell'offerta fatta. Infatti, a causa del rischio specifico dell'affare, ovvero che possa non concludersi nel tempo previsto oppure che addirittura venga annullato, le azioni della società target saranno negoziate a un valore inferiore a quello previsto per la chiusura dell'affare. Dato che esiste un deal risk specifico, il rendimento richiesto dal mercato sui titoli dell'azienda acquirente sarà maggiore proprio per rispecchiare tale rischio, determinando, quindi, un prezzo minore al prezzo di chiusura dell'affare. I gestori che utilizzano questa strategia possono operare in due diversi modi: o prendere una posizione dopo che l'annuncio dell'operazione è stato dato o cercare di anticipare l'evento di fusione o acquisizione prima che l'annuncio venga diffuso.

Di solito i gestori operano dopo che l'evento è stato annunciato.

- Un'ulteriore fonte di rischio è il ritardo nella conclusione dell'operazione che, allungando il periodo di investimento, ne riduce il rendimento.

Il gestore deve valutare per quanto tempo il capitale investito dovrà rimanere immobilizzato prima che l'operazione sia conclusa.

Esempio

Si ipotizzi una società A, con azioni quotate a 105 dollari, la quale offre una delle proprie azioni per ogni azione della società B, quotata invece a 80 dollari.

Un investitore che sta cercando un profitto da arbitraggio acquista l'azione B ipotizziamo a 100,94 dollari.

L'arbitraggista deve inoltre vendere allo scoperto l'azione A a 105 dollari in quantità uguale al rapporto di cambio, in questo caso 1:1.

Spesso, in operazioni di grossa entità, il valore delle azioni della società acquirente scende di un certo ammontare a causa delle pressioni delle vendite allo scoperto.

- Ipotizziamo che il prezzo si mantenga a $ 105.

All'avvicinarsi della data dell'operazione lo spread di 5 dollari si comprime e i valori di A e di B convergono.

Quando lo spread si restringe, il rendimento dell'investitore aumenta; ad esempio, se l'azione della società B aumenta a 101 dollari e quella della società A scende a 104 dollari, l'investitore guadagnerà un dollaro dalla posizione long e uno da quella short.

Una volta che la fusione è completata e le azioni B sono convertite in azioni A, l'investitore si assicura i 5 dollari di guadagno indipendentemente dal valore corrente di A.

Le azioni B, convertite in A, sono utilizzate per coprire la vendita allo scoperto di A.

Potrebbe accadere che, prima della conclusione dell'operazione, si assista a un'inversione del mercato che determina una significativa caduta del valore di A prima della conclusione dell'operazione.

Come conseguenza la società B esce dalla transazione.

Per far fronte a questi rischi molti gestori di fondi supportano la loro strategia con opzioni put per proteggere l'investimento da oscillazioni violente del mercato.

Il deal risk in tutte le sue componenti (dal fallimento, alla revisione delle condizioni) va analizzato con attenzione, perché a esso è strettamente connesso il risultato della strategia. Si può comunque ridurre tale rischio tramite una diversificazione su più affari, oppure tramite le opzioni put (quest'ultima alternativa solo quando lo spread a disposizione sia tale che il profitto potenziale possa agevolmente coprire il costo di acquisto delle put).

Alcuni managers, anticipando il fallimento di alcune operazioni, invertono la strategia e vendono allo scoperto le azioni delle società target.

Esempio

Ipotizziamo che la società GAMMA lanci un'offerta pubblica di scambio (OPSC) sulla società BETA con i seguenti termini: 1 azione BETA contro 0,45 azioni GAMMA.

- Il giorno dell'annuncio la società BETA chiude a una quotazione di 39,87 dollari mentre la società GAMMA chiude alla quotazione di 94,88 dollari.

Lo scarto di arbitraggio è, quindi di:

$$39,87 - (0,45 \times 94,88) = 39,87 - 42,69 = -2,82$$

Per beneficiare di questo scarto il fondo deve acquistare azioni BETA e vendere allo scoperto azioni GAMMA nella proporzione di una azione BETA contro 0,45 azioni GAMMA.

Nel momento in cui la società GAMMA comunicherà il buon esito dell'operazione di acquisizione, lo scarto di arbitraggio si sarà annullato consentendo al fondo di realizzare un profitto.

(3b) - Distressed Securities

Nella strategia Distressed Securities vengono individuate quelle società soggette a procedure concorsuali o in condizioni di insolvenza. Il gestore scommette sul futuro dell'azienda acquistando i titoli nel momento di crisi a un prezzo basso, confidando che in futuro l'azienda si risolleverà e che, quindi, egli potrà rivendere i titoli a un prezzo maggiore. Oppure può decidere di acquistare le obbligazioni della società stessa, ovviamente a prezzi stracciati, per ricevere il rimborso del valore nominale a scadenza.

- Una definizione più specifica è quella che considera per distressed securities quei titoli di debito e azionari di società che sono state inadempienti nelle loro obbligazioni sul debito e/o hanno presentato istanza per alcune leggi di protezione dai debitori, come ad esempio il Charper 7, che comporta la liquidazione delle proprietà del debitore e la distribuzione dei proventi ai creditor, o il Chapter 11 dello US Bankruptcy Code, per mezzo del quale le compagnie mantengono il possesso delle loro attività ma operano sotto la supervisione di una corte che segue la bancarotta per la tutela dei creditori.

Se si fa riferimento, invece, a una definizione in senso ampio si possono includere nei distressed securities anche i titoli di debito detenuti pubblicamente che sono negoziati a prezzi profondamente scontati rispetto al loro prezzo di emissione tali da offrire un rendimento, il cosiddetto yield to maturity, significativo rispetto, ad esempio, ai Treasury Bond Statunitensi.
I prezzi di tali titoli scendono, anticipando il periodo di dissesto, quando i loro detentori decidono di venderli piuttosto che mantenere i propri investimenti in una società con problemi finanziari. I managers

specializzati nella ricerca in distressed securities acquistano i titoli delle società in questione a prezzi scontati per poi cercare di trarne un profitto.

- La strategia prende le mosse da un'analisi attenta degli eventi che spingono verso il basso i titoli della società dissestata: è possibile, ad esempio, che la società si sia diversificata ma abbia ancora un core business solido; oppure può essere in crisi finanziaria a causa di problemi legali o di eventi esterni non collegati alla solidità dell'attività principale; o ancora, può avere problemi di management che possono essere risolti tramite un cambio di leadership.

In caso di analisi positive sui fondamentali, gli specialisti si troveranno ad acquistare i titoli a prezzi bassi, dal momento che i soggetti coinvolti nella società (azionisti, creditori, banche) cercheranno di venderle non avendo né gli strumenti, né il tempo per capire il reale valore della società stessa.

Il successo di questa strategia dipende principalmente dal livello di profondità e di attenzione con la quale vengono effettuate le analisi.

Gli hedge funds che investono in questa strategia sono dei fondi direzionali i quali per proteggersi dal ribasso possono ricorrere all'acquisto di opzioni put sulle azioni della società emittente o all'acquisto di un credit default swap.

- Inoltre la leva finanziaria non viene utilizzata in quanto i distressed securities sono già dei titoli con un'elevata leva implicita in quanto negoziati con un forte sconto rispetto alla parità.

Questi hedge funds hanno, quindi, un'esposizione netta lunga sui titoli distressed i quali sono esposti di conseguenza al rischio di allargamento degli spread di credito che facendo scendere i prezzi li farebbe incorrere in performance negative. Ulteriori rischi sono quelli relativi alla liquidità e quelli legati alla complessità della normativa fallimentare. Gli hedge funds con strategia distressed hanno normalmente liquidità trimestrale, semestrale o annuale a causa della liquidità dei titoli e degli orizzonti temporali lunghi per la finalizzazione della strategia del gestore. Data la particolarità della situazione aziendale e di conseguenza dei relativi titoli, questa strategia richiede generalmente tempi non brevi per essere portata a compimento con successo. Gli hedge fund che investono in Distressed Securities hanno in portafoglio strumenti finanziari poco liquidi e pertanto i gestori devono porre particolare attenzione alla politica di rimborso delle quote.

• Da ricordare al riguardo l'esistenza dello Z-Model.

Si tratta di una formula matematica sviluppata nel 1960 alla New York University dal professor Edward Altman che tenta di esprimere le probabilità che ha una società di andare in bancarotta entro un periodo di tempo fissato in due anni. Il numero prodotto dal modello è denominato Z-score, che è un predittore ragionevolmente accurato del futuro fallimento. L'indice venne creato da Edward I. Altman, massimo esperto mondiale del rischio di credito, nel 1968, quando sviluppò il modello previsionale Z-Score. L'indice fu sviluppato analizzando i dati di bilancio di 66 società, 33 delle quali erano società solide e 33 delle quali erano società fallite.

Lo Z score Model è un valido modello diagnostico della crisi societaria, caratterizzato da un elevato tasso di affidabilità, percentuale di errore compresa tra il 15% e il 25%, anche in situazioni contraddistinte da anomalie contabili (società prossime al dissesto che inquinano i risultati di bilancio con dati non veritieri per dissimulare il proprio status).

La formula è data dalla seguente equazione:

$$Z = 1,2A + 1,4B + 3,3C + 0,6D + 0,99E$$

dove:

- A = Capitale Circolante / Totale attivo.
  Tale indice esprime l'equilibrio finanziario cioè l'incidenza della differenza tra attivo e passivo correnti sulla capitalizzazione totale.
- B = Utili / Totale attivo.
  Tale indice esprime la capacità di autofinanziamento, cioè la potenzialità che ha l'impresa di reinvestire i propri utili nel processo produttivo. Risulta evidente che un'impresa di recente costituzione abbia un indice inferiore rispetto a un'altra operante sul mercato da più tempo, a meno che quest'ultima non abbia accantonato o prodotto utili.
- C = EBIT (Risultato operativo) / Totale attivo.
  Tale indice esprime la redditività e produttività di un impresa, forse il più significativo per accertare equilibrio o instabilità di solvenza.
- D = Valore di mercato del capitale / Totale passivo.
  Tale indice indica la solvibilità di un'impresa,ossia quanto le attività potrebbero ridursi e permettere alle passività di superare le stesse creando condizioni critiche.
- E = Vendite / Totale attività.
  Tale indice indica la capacità di un'impresa a produrre ricavi e di conseguenza evidenzia la sua competitività sul mercato.

Più basso è il punteggio di Z, e più è probabile che una società vada in bancarotta entro 2 anni.
In base del valore dello Z-Score la probabilità di fallimento è:

- Alta, se lo Z-Score è minore di 1,80.
- Bassa se lo Z-Score è maggiore di 3.
- Se lo Z-Score è compreso tra 1,8 e 3, il modello identifica una zona grigia in cui i risultati non sono di per sé univoci, ma

vanno approfonditi con ulteriori strumenti di analisi, essendo in questo caso il fallimento non facilmente prevedibile.

Questo indice è un valido strumento di analisi, ma non è attendibile al 100%. È opportuno che l'indice venga calcolato su più esercizi per verificare se la tendenza sta migliorando o peggiorando. Nella formula di calcolo dello Z-Score è utilizzato il capitale circolante, dato dalla differenza tra le attività correnti e le passività correnti.

Nonostante si tratti di un indice largamente utilizzato e apprezzato nel mondo della finanza, lo Z-score Model presenta dei limiti piuttosto evidenti:

- Non valuta gli intangibles di una società.
- E' asettico rispetto alla congiuntura economica.
- Non tiene conto dell'eventuale capacità di una società di ottenere finanza da soggetti terzi.

Esempio

Attività correnti: 750.000
Total attivo: 1.100.000
Riserve: 107.000
Utile operativo: 45.000 101

Patrimonio netto: 650.000
Totale passivo: 890.500
Passivo corrente: 447.000
Ricavi: 1.676.000

Calcolo:

- A: 750.000 - 447.000/1.100.000 = 0,28*1,2 = 0,34

- B: 107.000/1.100.000 = 0,10*1,4 = 0,14

- C: 145.000/1.100.000 = 0,13*3,3 = 0,43

- D: 650.000/890.500 = 0,73*0,6 = 0,44

- E: 1.676.000/1.100.000 = 1,52*0,99= 1,50

Riprendendo la formula abbiamo:

Z-Score = 1,2A + 1,4B + 3,3C + 0,6D + 0,99E =

1,2x0,28 + 1,4x0,10 +3,3x0,13 + 0,6x0,73 + 0,99x1,52 =

0,34 + 0,14 + 0,43 + 0,44 + 1,50 = 2,85

Dal risultato ottenuto l'impresa in questione si attesta nella fascia B ossia tra 1,8-3 la cosiddetta "zona d'ombra" ma molto vicina alla fascia A, pertanto si può definire l'equilibrio finanziario dell'impresa non proprio buono ma discreto.

Esistono, infine, fondi Event Driven Multi Strategia, in cui i gestori utilizzano sia strategie Merger Arbitrage sia strategie Distressed Securities, combinandole al fine di diversificare le possibilità di performance e di evitare di trovarsi esposti unicamente a una strategia che potrebbe rivelarsi fallimentare, potendo rapidamente disinvestire i capitali da una strategia all'altra.

114

Gli Hedge Funds in Svizzera

La costituzione e la vendita di quote di fondi di investimento in Svizzera è regolata dalla legge federale sui fondi d'investimento. Accanto alle tradizionali figure dei fondi mobiliari e dei fondi immobiliari, è prevista una categoria residuale degli "altri fondi". Sebbene le limitazioni in termini di strategie finanziarie previste dall'art 35 per questa ultima categoria di fondi non prevedano limitazioni tali da impedire, in linea di principio, l'operatività di un hedge fund puro, gli unici schemi d'investimento collettivo della categoria "altri fondi" approvati dall'autorità amministrativa si configurano come fondi che investono in hedge fund off-shore.

- A questi fondi di fondi hedge ci si riferisce con il termine Swiss Investment Fund.

Trattasi di schemi di investimento collettivo on-shore della categoria, regolamentati e autorizzati, possibili solo dal 1996, quando l'autorità di vigilanza espresse parere positivo sulla possibilità di costituire e collocare un fondo di investimento domiciliato in Svizzera che avesse la funzione di veicolo di investimento in hedge funds esteri. A questi fondi, l'autorità impone di inserire nel documento di offerta una descrizione completa delle loro strategie di investimento, una previsione della composizione del loro portafoglio, l'indicazione dei limiti agli investimenti stabiliti dalla società di gestione, la descrizione dei metodi di selezione e delle procedure poste in essere dal fondo nella selezione degli hedge funds off-shore. Il documento deve, inoltre, contenere informazioni sui vari hedge funds di primo livello in cui il fondo investe, in modo tale che l'investitore abbia un quadro informativo sulla strategia di gestione, sul track record, sull'organizzazione legale dei fondi di primo livello, nonché sui loro revisori contabili.

In alternativa in Svizzera si possono costituire fondi di fondi hedges sotto forma di società d'investimento il cui oggetto sociale è la detenzione di quote di partecipazione in fondo hedge off-shore e le cui azioni sono quotate presso la borsa di Zurigo. In questo caso si parla di Swiss Investment Company. Tali entità non ricadono nell'ambito normativo della legge federale sui fondi d'investimento e non sono, quindi, sottoposte alla vigilanza diretta dell'autorità amministrativa. In quanto società quotate sono, però, sottoposte alle regole di ammissione e permanenza alla quotazione prevista dalla Borsa svizzera per le investment company. La struttura di queste Swiss Investment Company prevede la costituzione di un off-shore fund con la classica struttura della corporation che investe in un fondo di fondi costituito off-shore con una propria banca depositaria, un proprio Administrator e un proprio revisore che ne certifica il bilancio, tutti attivi sulla piazza off-shore del fondo.

- La gestione di questo fondo, che consiste nella selezione di hedge funds puri, è affidata a un gestore domiciliato off-shore, che ricorre però, alla consulenza professionale di un gestore svizzero, di fatto, il vero investment manager del fondo.

Per aggirare la normativa che limita in modo drastico le possibilità di collocamento in svizzera delle quote di questo schema d'investimento collettivo off-shore, il promotore dell'intera struttura, in genere importanti banche attive nei servizi di private banking, costituisce una holding di partecipazioni svizzera il cui unico asset è la totale proprietà del fondo di fondi off-shore.

Dotata anch'essa di una propria banca depositaria, di un proprio Administrator e di una propria società di revisione, essa viene quotata presso lo Swiss Stock Exchange in qualità di investment company. Gli investitori possono, quindi, acquistarne le azioni direttamente sul mercato a un prezzo di quotazione che è libero di fluttuare, in relazione alla situazione contingente di domanda e di offerta, al di sopra o al di sotto del NAV del fondo sottostante che ne rappresenta il valore teorico. La liquidità del mercato è di massima assicurata dall'attività di market making condotta dal broker dell'istituzione finanziaria che ha promosso la quotazione dell'investment company. Inoltre la Svizzera consente pure la costituzione di società di gestione di hedge fund off-shore collocabili nel Paese.

Questa possibilità è stata sfruttata da molti gestori che hanno preso domicilio in Svizzera, gestendo da lì hedge funds localizzati sulle tradizionali piazze off-shore.

- La principale differenza tra i gestori di hedge funds off-shore inglesi e quelli elvetici sta nel fatto che mentre i primi sono soggetti ad autorizzazione da parte della FSA, i secondi non devono soddisfare alcun requisito, né sono sottoposti all'obbligo di autorizzazione da parte delle autorità di vigilanza svizzera, purché la loro attività alla sola gestione del portafoglio di fondo off-shore senza promuovere il collocamento delle quote in Svizzera.

La gestione di un veicolo off-shore da parte da un manager svizzero è, però, una soluzione fiscalmente inefficiente in quanto rende tutte le transazioni compiute dal fondo in azioni estere soggette al pagamento di un'imposta di bollo pari allo 0,15% del controvalore di ogni acquisto o vendita.

Il pregiudizio economico può essere notevole considerato l'alto volume di transazione che genera un hedge fund in forza delle più frequenti riallocazioni delle posizioni in essere rispetto a un tradizionale fondo comune. Per sottrarre il fondo off-shore a tale imposta sulle transazioni, l'hedge fund manager, in genere, costituisce in Svizzera una società formalmente dedita a fornire servizi di sola consulenza a una off-shore management company a cui, compete, invece, la responsabilità legale di assumere le decisioni di investimento suggerite dalla società svizzera.

In quanto poste in essere da un non residente, le transazioni sono così esenti dall'imposta svizzera.

• La costituzione di off-shore management company offre un vantaggio fiscale non irrilevante anche all'investment manager consentendogli di optare per un regime di differimento dell'imposizione fiscale sui propri guadagni. L'esatta imposizione fiscale gravante nel complesso su una struttura trilaterale composta da "consulente svizzero, gestore off-shore, fondo off-shore" varia da caso a caso dipendendo dagli accordi che il manager svizzero conclude con il fisco locale.

Tuttavia, il manager svizzero, formalmente impegnato nella sola consulenza, può limitare il proprio reddito imponibile al corrispettivo appropriato per il servizio di consulenza che, in genere, è una quota ridotta delle commissioni di gestione e performance pagate dal fondo. Gran parte di queste ultime possono, così, restare in capo all'off-shore management company ed essere reinvestite nel fondo stesso consentendo all'investment manager svizzero di subire il prelievo fiscale annuale solo su quella quota limitata delle commissioni di gestione e di performance che, in base all'accordo con il fisco elvetico, rimpatria a titolo di corrispettivo della consulenza resa alla società di gestione off-shore. Alla commercializzazione in Svizzera delle quote di questi hedge funds off-shore si applicano le norme della legge sui fondi di investimento relative alla più generale categoria di "fondi esteri", definita dall'art 44 in modo così ampio da includere qualsiasi organismo di investimento collettivo domiciliato fuori dai confini. Il principio di base è che la distribuzione di qualsivoglia fondo estero necessiti dell'autorizzazione dell'autorità di vigilanza, da ottenersi da parte delle persone fisiche o giuridiche che, per conto del fondo, ne distribuiscono azioni/quote "on a professional basis" in Svizzera. L'art 45 subordina la concessione dell'autorizzazione a una serie di requisiti, tra cui fondamentale è l'obbligo per il fondo di essere domiciliato presso una giurisdizione estera che garantisca una protezione agli investitori comparabile a quella assicurata dalla Commissione Bancaria Svizzera in termini di struttura organizzativa e modalità di adozione delle politiche di investimento da parte del fondo.

• La Commissione definisce la lista delle giurisdizioni che ritiene rispettare queste condizioni. La lista è abbastanza ristretta includendo poche piazze off-shore, quali Guernesy e Jersey, in aggiunta agli Stati membri dell'Unione Europea e agli Stati Uniti.

Tutti gli hedge fund domiciliati su piazze finanziarie off-shore non possono, pertanto, aspirare all'autorizzazione a essere venduti in Svizzera "su base professionale", vale a dire a essere promossi in qualsiasi forma e mezzo presso il pubblico. Poiché, a differenza di altre legislazioni, quella svizzera non contempla alcuna private placement exemption per la distribuzione di fondi esteri, un privato può sottoscrivere quote di questi fondi solo assumendo in prima persona l'iniziativa dell'operazione, senza ricevere sollecitazione alcuna a riguardo. A favore di tutti i fondi esteri è, invece, prevista una professional investor exemption, grazie alla quale gli hedge funds off-shore possono essere oggetto di una limitata attività di promozione nei confronti dei soli investitori istituzionali (banche, compagnie di assicurazione e fondi pensione).

Nell'ambito di questa esenzione rientrano la spedizione dell'information memorandum del fondo, le offerte individuali di sottoscrizione, i road show, i seminari e le presentazioni, tutti solo se indirizzate a un limitato numero di investitori istituzionali, banche e altre istituzioni finanziarie. Nel complesso l'esperienza svizzera si presenta abbastanza simile a quella inglese.

Gli investitori hanno accesso a fondi puri off-shore gestiti da manager svizzeri e a società quotate che configurano un veicolo collettivo di investimento i più fondi hedge puri.

Vi sono, però, due rilevanti differenza:

1. Il gestore svizzero di un fondo hedge off-shore può sfuggire alla regolamentazione e alla vigilanza delle autorità contrariamente a quello inglese.

2. L'accesso ai fondi di fondi hedge può avvenire in Svizzera anche direttamente, con l'acquisto di quote di schemi di investimento collettivo on-shore autorizzate, disciplinate e vigilate, possibilità, invece, per ora negata nel Regno Unito.

Gli Hedge Funds negli USA

La disciplina legislativa statunitense riguardante i veicoli utilizzabili per la gestione professionale in monte del risparmio è contenuta principalmente nell'Investment Company Act del 1940, con importanti modifiche introdotte dal National Securities Improvement Act del 1996, e nel Securities Act del 1933, da allora più volte emendate. Quella relativa ai gestori, invece, trova i suoi capisaldi nell'Investment Advisor Act del 1940 e nel Securities Exchange Act del 1934. L'Investment Company Act (ICA) impone ai veicoli utilizzati per la gestione in monte del risparmio di:

- costituirsi e operare tramite strutture giuridico-istituzionali esplicitamente indicate.

- dotarsi di un consiglio di amministrazione che approvi preventivamente i contratti stipulati sia con gli investment advisor, a cui affida la gestione finanziaria del patrimonio, sia con la banca depositaria, a cui assegna il compito di custodire il patrimonio del fondo.

- rispettare precisi vincoli inerenti la gestione del portafoglio finanziario posseduto, quale la proibizione di assumere posizioni debitorie, le limitazioni all'uso di derivati, l'imposizione di una diversificazione minima delle posizioni assunte, l'esclusione di alcuni valori mobiliari e merci dall'universo delle opportunità di investimento ammesso.

- assolvere obblighi di trasparenza su performance, costi, composizione del portafoglio nei confronti dei sottoscrittori, del mercato e dell'organo di vigilanza.

A monte di tutto questo, però, sta l'obbligo per il fondo di registrasi presso l'organo di vigilanza dei mercati finanziari, la Securities and Exchange Commission (SEC). Grazie ad esso, la SEC può esercitare un potere di controllo sull'ingresso nel mercato di questi veicoli d'investimento e un potere di monitoraggio sul rispetto di appropriate regole di condotta degli affari (conduct of business rule) verso i clienti e sull'adozione di comportamenti corretti sul mercato (fair trading) a tutela dell'integrità dei mercati durante tutta la loro successiva esistenza.

- Regolando l'offerta di titoli al pubblico, il Securities Act (SA) del 1933 detta le norme che gli schemi di investimento collettivo devono rispettare al fine di assicurare ai potenziali sottoscrittori un adeguato livello di trasparenza sulle condizioni contrattuali e sulle prospettive di rischio e rendimento connaturate alla proposta di investimento.

Sia l'ICA che il SA, tuttavia, definiscono un insieme di condizioni che, se soddisfatte, permettono agli schemi di investimento collettivi di ricadere al di fuori del perimetro di applicazione della normativa. La Section 3(c)1 e la Section 3(c)7 dell'ICA contemplano due alternative fattispecie di esenzione. L'esenzione ai sensi della Section 3(c)1 è prevista sin dall'iniziale promulgazione dell'ICA nel 1940. Essa interessa i veicoli le cui quote di partecipazione non siano oggetto di offerta pubblica passata, presente o futura, e siano sottoscritte da non più di 100 partecipanti (cd. 3(c)1 fund). Al fine di impedire l'aggiramento del limite dei 100 investitori, le persone fisiche contano individualmente, anche in presenza di legami di parentela o matrimonio. Gli investitori diversi dalle persone fisiche sono considerati singoli sottoscrittori a meno che possiedano una quota superiore al 10% delle voting securities del Section 3(c)1 fund, o siano una investment company ai sensi dell'ICA o, ancora, costituiscano uno schema di investimento ai sensi della Section 3(c)1 o della Section 3(c)7 e, quindi, esclusi dall'applicazione dell'ICA. L'esenzione ai sensi della Section 3(c)7 è di più recente istituzione, essendo stata introdotta solo nel 1996 da un'apposita norma del

National Securities Improvement Act (NSIA). Al pari della precedente, essa si applica ai fondi che non hanno effettuato, e non intendano effettuare, offerta pubblica delle proprie quote di partecipazione. Al contrario dei 3(c)1 fund, le quote dei Section 3(c)7 fund possono essere possedute anche da un numero illimitato di sottoscrittori purché siano tutti o qualified purchasers ai sensi della Rule 2(a)(51)(A) o knowledgeable employees ai sensi della Rule 3(c)5 dell'ICA. La Rule 2(a)(51)(A) dell'ICA definisce qualified purchasers le persone fisiche e le family-owned company con investimenti per almeno 5 milioni di dollari; i trust o altre entità possedute esclusivamente da qualified purchasers e non appositamente creati per acquistare le quote del fondo; i qualified institutional buyers ai sensi della Rule 144A del Securities Act del 1933, ossia investitori istituzionali con almeno 100 milioni di dollari di patrimonio o banche e broker-dealer, nel qual caso il limite minimo scende a 25 e a 10 milioni. Della categoria dei knowledgeable employees fanno, invece, parte la dirigenza del fondo o di fondi affiliati, i dipendenti della investment management company, e la management company stessa.

La Section 3(c)7 apre ai money manager la possibilità di costituire e gestire hedge fund che non siano condizionati dal limite dei 100 investitori. Con la crescente mobilità dell'offerta di capitali a livello mondiale, la maggiore facilità di comunicazione e, quindi, di monitoraggio a distanza dei comportamenti dei gestori, questo vincolo numerico risultava spesso troppo limitante e ingiustificato da un punto di vista economico. D'altra parte, esso non poteva essere aggirato adottando la soluzione "fondi a specchio", ossia la gestione di più fondi identici per posizioni detenute in portafoglio. In forza dell'integration rule, qualora due o più Section 3(c)1 fund siano gestiti da uno stesso manager e detengano posizioni analoghe in portafoglio, devono considerarsi come un unico schema di investimento collettivo ai fini del calcolo dei partecipanti.

Per consentire ai gestori di hedge fund di tipo tradizionale, ossia 3(c)1, di sfruttare meglio le economie di scala rese possibili dall'innovazione della Section 3(c)7, il NSIA ha previsto un safe harbour grazie al quale l'integration rule non si applica laddove il gestore replichi con un Section 3(c)7 fund il portafoglio di un Section 3(c)1 fund.

Inoltre, è possibile convertire un Section 3(c)1 fund in un Section 3(c)7 fund purché il gestore dia adeguata informazione delle conseguenze della trasformazione ai sottoscrittori e consenta loro il riscatto della quota al Nav del fondo al momento della trasformazione.

Sussiste pure una grandfather provision che consente ai sottoscrittori del 3(c)1 che non rientrano nelle categorie dei qualified purchaser e dei knowledgeble employees di restare nel fondo trasformato purché il loro iniziale investimento sia avvenuto prima dell'entrata in vigore del NSIA. Spesso è riportato erroneamente che i Section 3(c)7 fund presentano un limite massimo di sottoscrittori pari a 499. In realtà, questa è solo una prassi consolidata dei manager che si autoimpongono il rispetto di questo limite per evitare gli obblighi di informativa verso l'autorità di vigilanza previsti nel SEA del 1934 alla sezione 12(g)(1)(b). Essa dispone che in presenza di 500 o più sottoscrittori, uno schema di investimento collettivo è tenuto a registrare le quote di partecipazioni emesse presso la SEC a cui deve poi comunicare periodicamente un insieme di informazioni concernenti i diritti patrimoniali e amministrativi delle quote, le modalità del loro collocamento, nonché la struttura, le prassi operative, i risultati e la composizione del patrimonio del fondo. Il superamento del tetto, pertanto, finisce per comportare l'applicazione di gran parte degli obblighi regolamentari e di vigilanza a cui si intende sfuggire ricorrendo a un Section 3(c)7 fund. Per rientrare tra gli schemi di investimento collettivo non regolamentati previste ai sensi delle due Section suddette, le quote dei fondi non possono essere collocate tramite offerta pubblica, ma solo in forma privata (private placement test). La normativa statunitense, tuttavia, non definisce in modo preciso e diretto la fattispecie di offerta pubblica. La Section 4(2) del Securities Act prevede solo che, al fine di evitare la disciplina dell'offerta pubblica, l'emittente deve collocare i titoli in forma privata e su base personale. Lascia, però, alla SEC il potere di valutare in modo discrezionale se un'offerta è pubblica o meno sulla base di una serie di fattori tra i quali il numero di sottoscrittori, la natura delle informazioni diffuse e le modalità di sollecitazione all'investimento. Per sfuggire a questa incertezza e assicurarsi che il veicolo di investimento in monte non rientri nell'ambito di applicazione della disciplina normativa e di vigilanza dell'ICA, nel sollecitare le sottoscrizioni i gestori si conformano alla Regulation D del Securities Act (SA) che configura i safe harbour rispetto alla disciplina dell'offerta pubblica di valori mobiliari prevista nella Section 4(2). Qualora l'emissione avvenga in conformità alle condizioni esplicitate nella Regulation D, essa deve comunque intendersi come private placement, venendo meno il potere di discrezionale valutazione della SEC. Tra i diversi safe harbour previsti, gli hedge fund manager statunitensi si avvalgono, in genere, di quello descritto alla Rule 506 che permette emissioni senza vincolo di ammontare complessivo, esentando l'investment manager dall'onere di ottenere la registrazione presso l'autorità dello Stato in cui il fondo è costituito.

• La regola 506 qualifica come private placement le emissioni di qualunque ammontare i cui titoli siano collocati a un numero illimitato di accredited investor, ma a un massimo di 35 non accredited investor che però devono essere tutti sophisticated, ovvero disporre di una conoscenza ed esperienza che li renda capaci di valutare il profilo di rischio e rendimento dell'investimento proposto.

Ai sensi della Rule 501 della Regulation D, accredited investor sono gli individui che dispongano, anche in unione con il coniuge, di un patrimonio superiore a un milione di dollari o che abbiano registrato un reddito superiore a 200.000 dollari (300.000 se in unione col coniuge) in ciascuno dei due anni precedenti all'acquisto, le banche, le compagnie d'assicurazione, i fondi comuni, le organizzazioni non-profit non create appositamente per effettuare investimenti finanziari che abbiano un totale attivo superiore a 5.000.000 di dollari, gli employee benefit plan con un attivo superiore a 5.000.000 di dollari e, infine, un qualsiasi veicolo i cui equity owners siano accredited investors. In forza del Commodity Exchange Act (CEA), un qualsiasi veicolo di investimento che abbia dei residenti negli USA tra i suoi sottoscrittori e intraprenda negoziazioni su contratti futures od opzioni quotati in borsa è obbligato a registrarsi come commodity pool operator (Cpo) ed è soggetto alla disciplina della Commodity Futures Trading Commission (CFTC), autorità amministrativa a cui è demandato di regolamentare e vigilare i mercati dei futures e delle opzioni, e della National Futures Association (NFA).

- Il fine principale di questa regolamentazione e vigilanza non è la tutela degli investitori, quanto il desiderio di assicurare l'integrità dei mercati e la prevenzione di rischi sistemici, motivato dal tradizionale sospetto nutrito dai Legislatori verso gli strumenti derivati.

Un commodity pool è così tenuto al rispetto di vincoli di reporting and disclosure, sia al momento del collocamento, sia durante la sua attività. Vale, infatti, un obbligo generale di produrre una dettagliata informativa esterna per investitori e autorità di vigilanza che illustri performance realizzate e, soprattutto, i rischi assunti. Gli obblighi di trasparenza sono molto attenuati se il fondo limita la propria attività in contratti futures e opzioni (margini iniziali sui primi e premi sulle seconde non superiori al 10% del Nav del fondo e se i contratti futures sono utilizzati esclusivamente per bona fide hedging).

Se, poi, il Cpo è riservato esclusivamente a qualified eligible partecipant non sono richiesti requisiti di trasparenza particolari e il documento d'offerta del fondo non deve essere sottoposto alla supervisione della CFTC.

I fondi che si qualificano come "4.7 funds", ovvero riservati ai qualified eligible partecipant, costituiscono il 30% del campione di Van Research. Sempre a tutela dell'integrità dei mercati, la National Association of Securities Dealers (NASD) ha imposto limiti stringenti alle modalità di vendita delle cd. hot issues securities, rientrando in questa definizione i titoli che fanno parte di una offerta pubblica di vendita negli Stati Uniti i cui primi scambi nel mercato secondario avvengono a premio di oltre il 5% rispetto al prezzo di offerta.

• I membri del sindacato di collocamento di una US public offering, obbligati a vendere la quota dell'emissione loro allocata al prezzo stabilito per l'offerta, non possono sfruttare l'opportunità di realizzare extra profitti anche qualora sia evidente la disponibilità del mercato a pagare per il titolo un prezzo ben superiore a quello d'offerta.

Può, allora, sorgere la tentazione di allocare questi titoli "caldi" a soggetti in grado di restituire il favore o acquisendo servizi di altra natura, o accettando di essere overpriced su servizi che già acquistano dall'intermediario membro del selling group o da un suo affiliato. Per evitare queste forme di abuso di mercato, le regole di condotta disposte dal NASD precludono la possibilità per un membro del sindacato di collocamento di vendere hot issue securities a certe categorie di persone definite restricted person in cui rientrano individui che ricoprono incarichi dirigenziali nell'industria finanziaria o negli investitori istituzionali. Il paragrafo (b)(4) della conduct rule IM-2110-1 del NASD aggiunge alla categoria ogni istitutional account che abbia fra i suoi partecipanti restricted person, sia esso domiciliato negli USA o all'estero.

Le conduct rules precludono la partecipazione al mercato degli hot issues securities agli hedge fund a cui partecipino restricted person per una quota nel complesso superiore al 10% del patrimonio. Il sindacato di collocamento può vendere hot issues securities agli istitutional account che forniscono una lista dettagliata dei nomi e dell'occupazione professionale degli investitori presenti nel fondo in modo che sia accertabile il peso limitato della partecipazione in mano alle restricted person.

In alternativa, occorre che il fondo adotti un sistema amministrativo che separi i suoi partecipanti in due gruppi, di cui uno accessibile solo a non-restricted person, e i rispettivi portafogli. Si può, così, imputare l'acquisto di hot issues securities al solo portafoglio delle non-restricted person, evitando che restricted person godano di profitti realizzati sulla posizione.

- I capisaldi della normativa sulla costituzione e operatività dei gestori di hedge fund sono l'Investment Adviser Act (IAA) del 1940 e il Securities Exchange Act (SEA) del 1934.

- Obiettivo dell'IAA è rafforzare la protezione degli investitori sottoponendo investment manager e advisor finanziari a obblighi regolamentari volti ad assicurare che essi adempiano con lealtà e correttezza l'impegno fiduciario assunto verso i propri clienti.

La Section 202(a)11 dell'IAA definisce l'advisor come persona fisica o organizzazione che si occupa professionalmente di prestare servizi a terzi in materia di investimenti dietro compenso, diretto o indiretto. Nella definizione rientra, quindi, anche il gestore di hedge fund, intesi come section 3(c)1 e 3(c)7 fund. L'obbligo primario posto in capo agli advisor consiste nella registrazione presso la SEC, obbligatoria per coloro che hanno come clienti uno o più fondi comuni o che gestiscono almeno 25 milioni di dollari e non sono regolati negli Stati in cui mantengono la sede principale dei loro affari. Una volta registrati, gli advisor sono soggetti a una serie di vincoli normativi e di vigilanza quali le limitazioni alla possibilità di percepire performance fee e gli obblighi informativi verso l'autorità di vigilanza.

• Per sfuggire a questi oneri regolamentari i gestori di ambo i tipi di Section 3(c) fund sfruttano il disposto della Section 203(b)(3) dell'IAA che stabilisce l'esenzione dalla registrazione per gli advisor che soddisfino tutte le tre seguenti condizioni: aver avuto meno di 15 clienti nel corso degli ultimi 12 mesi (counting investor test); non presentarsi al pubblico in questa veste (holding out to the public test); non fornire servizi di consulenza e gestione a schemi collettivi di investimento regolamentati.

Ai sensi della disposizione 203(b)(3)-1, un investment manager soddisfa il counting investor test se relativamente al fondo ex Section 3(c)1, costituito come limited partnership, o a quello ex Section 3(c)7, costituito come limited liability company, fornisce servizi di consulenza e gestione sulla base degli obiettivi di investimento definiti per la partnership nel suo complesso, evitando di proporre consigli o di intervenire con servizi su misura per gli specifici obiettivi d'investimento di ciascun partecipante.

Per soddisfare la seconda condizione (holding out to the public test), l'hedge fund manager non deve essere presente in alcun elenco pubblico di advisor (ad esempio l'elenco telefonico), non deve far circolare biglietti da visita che facciano riferimento a tale qualifica o all'offerta di tali servizi e non deve lasciar supporre che è disposto a prestare servizi ad altri investitori. I manager che trovano troppo costoso per lo sviluppo della loro attività soddisfare le tre condizioni necessarie per l'esenzione dalla registrazione, rientrano nel perimetro della regolamentazione e della vigilanza della SEC. Ne consegue il dovere di adempiere agli obblighi informativi imposti e di rispettare un generale divieto a non richiedere commissioni di performance asimmetriche, ossia di evitare schemi di remunerazione che prevedano una partecipazione ai soli risultati positivi della gestione. Questo generale divieto in tema di regime commissionale richiedibile, però, non si applica secondo quanto previsto dalla Section 205(a) e dalla Rule 205-3 dell'IAA se l'advisor presta i suoi servizisolo a qualified client, ossia:

- persone che, a motivato giudizio dell'advisor, dispongono di una ricchezza netta in eccesso a 1.500.000 di dollari al momento dell'investimento, oppure persone che si avvalgono dei servizi dell'advisor in relazione a un capitale minimo di 750.000 US$.

- un Section 3(c)1 fund, se tutti gli investitori che vi partecipano sono qualified client.

- un qualified purchaser ai sensi della definizione della section 2(a)51(A) dell'ICA.

- un Section 3(c)7 fund, seguendo da c) per definizione.

Ottenere l'esenzione dalla registrazione presso la SEC, per molti advisor non risolve del tutto i problemi regolamentari giacché essi possono essere assoggettati alla disciplina delle Blue Sky Law, ossia delle leggi dei singoli Stati degli USA, diverse da caso a caso. Per semplificare un quadro normativo altrimenti assai complesso, dal 1996 i singoli Stati possono imporre a un investment advisor l'obbligo di registrazione e connessi doveri di compliance se e solo se esso non risulta già registrato presso la SEC, ha la sede principale dei suoi affari nella giurisdizione dello Stato e ha avuto più di sei clienti ivi residenti nei precedenti 12 mesi. Grazie a tale norma, gli advisor non devono temere l'impatto delle Blue Sky Law se sono già registrati presso la Sec. Il combinato disposto di queste norme pongono il potenziale gestore di uno schema di investimento in monte esente dall'ICA del 1940 ai sensi della Section 3(c)1 o della Section 3(c)7 di fronte a una scelta complessa circa a quanti e quali obblighi normativi accettare di sottostare: evitarli tutti ottemperando alle condizioni di esenzione dell'IAA e operando in modo da evitare le Blue Sky Law; accettare la regolamentazione e la vigilanza SEC evitando quella dei singoli Stati; evitare la SEC rispondendo all'autorità amministrativa di uno Stato degli USA.

• Nell'assumere la sua decisione l'advisor dovrà tenere conto dei costi e dei benefici che ciascuna di queste alternative comporta in relazione alla natura della clientela a cui intende proporre i propri servizi (ad esempio, alcuni investitori istituzionali seguono la policy di non avvalersi di advisor non registrati presso la SEC), alla dimensione del business che intende gestire (il numero ristretto di investitori necessario a superare il counting investor test è adeguato per le economie di scala possibili per il tipo di business che si intende organizzare?), allo schema di remunerazione ritenuto meglio in grado di abbattere i costi di transazione del rapporto di mandato tra gestore ed investitori.

Non sempre la minimizzazione assoluta degli obblighi regolamentari costituisce la soluzione migliore come mostra il fatto che il 68% degli hedge fund manager americani, secondo le stime di Van Research, è registrato come investment advisor. Non sempre, però, sussiste questa facoltà di scelta. Il Commodity Exchange Act (CEA) assoggetta i gestori di commodity pool operator (Cpo) e i loro advisers alla registrazione presso la CFTC, con relative conseguenze in termini di vigilanza e di obblighi normativi, soprattutto a fini di integrità del mercato e stabilità del sistema stante i rischi percepiti nelle operazioni in derivati. La stessa finalità ispira gran parte del

Securities Exchange Act (SEA) del 1934 che disciplina i soggetti operanti sui mercati in qualità di broker-dealer. Alla categoria dei broker-dealer appartengono persone o istituzioni che per professione comprano e vendono titoli, nel primo caso per conto di terzi, nel secondo caso agendo come principal. Il SEA intende garantire che essi soddisfino dei requisiti minimi di trasparenza e di solidità finanziaria nell'intento di preservare la fiducia nella correttezza delle operazioni svolte e nei prezzi che si formano sui mercati, nonché la stabilità del sistema.

I broker-dealer sono tenuti alla registrazione presso la SEC e a diventare membri di una self regulatory organization (SRO) quali sono la National Association of Securities Dealers (NASD) e i registered national exchanges.

Queste SRO assistono la SEC nella regolamentazione dei broker-dealer vedendosi demandati la responsabilità dei controlli attinenti i requisiti finanziari e l'esperienza degli operatori i quali sono anche tenuti a monitorare la propria posizione finanziaria assicurando anche il mantenimento di una capitalizzazione minima in base alle operazioni effettuate (net capital rule), mantenere in deposito su di un conto separato le disponibilità del cliente eccedenti le transazioni effettuate (customer protection rule) e informare i clienti sulla situazione delle sue attività se non tenute separate da quelle del broker-dealer (use of customer balance rule). I gestori di hedge fund ricercano l'esenzione da questa rilevante regolamentazione ricadendo nella categoria dei trader, alternativa a quella dei broker-dealer in quanto composta da soggetti che negoziano titoli in proprio senza venire a contatto col pubblico e il cui business non consiste nell'esecuzione di singole transazioni e servizi connessi. Il SEA costituisce anche la base di un ulteriore presidio normativo a tutela dell'ordinato svolgimento dei mercati e della stabilità sistemica: la Regulation T. Emanata dalla Federal Reserve, in base al disposto del SEA, essa pone limiti all'ammontare di credito che un broker-dealer può accordare ai trader a fronte dell'acquisto di titoli. Negli Stati Uniti è, infatti, molto diffusa la pratica del margin buying, ovvero l'uso da parte degli investitori di disponibilità liquide fornite dal broker per comprare titoli indebitandosi. Il prestito è garantito dal pegno dei titoli acquistati e da disponibilità liquide che il cliente può altrimenti detenere presso il broker. La Regulation T, integrata dalle disposizioni contenute nella Nasd Rule 2520 e nella Nyse Rule 431, definisce il livello di copertura minima che l'investitore è tenuto ad assicurare sul debito assunto. Senza entrare negli intricati dettagli della Regulation T, nel complesso essa comporta per i trader un divieto generale ad assumere posizioni spingendo la leva finanziaria oltre un rapporto di 2:1, ossia a indebitarsi per un valore superiore al capitale proprio investito. Al verificarsi di sconfinamenti, il broker è obbligato a richiedere all'investitore di versare altro denaro o di vendere una parte dei titoli in portafoglio. I broker-dealers sono liberi di imporre limiti più restrittivi, ma non possono consentire che il debito del trader superi la metà del valore di mercato dei titoli e della liquidità presenti sul suo brokerage account. Alla luce della Regulation T può sorprendere come quasi un hedge fund su quattro tra quelli censiti da Van Hedge spinga la leva oltre il limite consentito e come, limitatamente alle strategie market neutral, la percentuale salga fino al 57%.

La possibilità per gli hedge fund di spingere il rapporto di leva molto oltre i limiti della Regulation T deriva dall'esistenza di un particolare tipo di accordo previsto dalla stessa Regulation T e meglio definito dalle regole delle diverse borse statunitensi. Queste disposizioni consentono l'elusione legale del tetto massimo alla leva permettendo a un collective investment account, quali sono i fondi ex Section 3(c)1 e 3(c)7 dell'ICA, di stipulare un accordo di joint back office con un broker-dealer abilitato alla funzione di clearing delle transazioni. A tal fine il collective investment account deve registrarsi presso i mercati di borsa statunitensi come broker-dealer o costituire una sussidiarie e registrarla come broker-dealer (joint back office broker). Grazie al joint back office arrangement (JBA), il broker-dealer abilitato a operazioni di clearing può estendere credito al fondo sulla base di un good faith margin, ossia fissare in modo discrezionale, purché in coerenza con un "sound credit judgment", il limite massimo di leva che il fondo come joint back office partecipant deve rispettare, evitando il limite della Regulation T. L'attivazione di un accordo di JBA impone alcuni obblighi al fondo e al broker che vi aderiscono.

Il broker deve informare la SRO presso cui è registrato della sua intenzione di entrare in un JBA, mantenere una capitalizzazione minima di 25 milioni di dollari e documentare i metodi di gestione e valutazione del credito concesso al JBO partecipant. Quest'ultimo, in forza dell'avvenuta registrazione come JBOB, è soggetto alla net capital rule prevista dal SEA e deve mantenere un ammontare di net liquidating equity superiore al milione di dollari presso il JBO account.

- Gli hedge fund manager registrati presso la SEC sono, anche, soggetti alle norme relative ai soft dollar arrangement di cui alla section 28(e) del Securities Exchange Act.

Il termine "soft dollar" si riferisce alla differenza tra la commissione che l'hedge fund manager paga sulle transazioni poste in essere per attuare la strategia del fondo, e la commissione minima che l'executing broker richiederebbe se non fornisse ulteriori servizi oltre alla transazione stessa. Gli hedge fund manager possono stringere accordi con il broker in virtù dei quali una parte delle commissioni generate dall'attività di trading è utilizzata per acquistare beni e servizi funzionali all'attività di gestione del portafoglio del fondo. Tali accordi determinano la possibilità che il manager scambi maggiori costi di negoziazione a carico del fondo, per una propria remunerazione addizionale sotto forma di copertura da parte di terzi di alcuni suoi costi operativi.

La possibilità di stringere soft dollar arrangement è, pertanto, consentita, ai sensi della section 28(e) del SEA, solo se i manager hanno piena facoltà discrezionale sulle transazioni che generano i soft dollar, valutino in buona fede che le commissioni pagate siano ragionevoli in relazione al valore dei beni e servizi forniti e questi ultimi interessino attività di brokerage o research.

I soft dollar arrangement che non rientrano nella definizione della Section 28(e) non sono proibiti per se, ma il manager deve ottenere il consenso dei suoi clienti, in seguito a "full disclosure". L'analisi finora svolta rende evidente come gli hedge fund statunitensi altro non siano che dei veicoli di investimento costituiti al fine di contenere, ma non di necessità minimizzare, gli obblighi normativi e di vigilanza. Trattasi, quindi, di private investment vehicles, la cui struttura giuridica può, in teoria, variare a seconda delle esigenze dei partecipanti e delle finalità del manager, fermo restando che deve permettere di abbattere i costi di transazione tra i primi e quest'ultimo. La forma più tradizionale e diffusa di hedge fund on-shore, tuttavia, è quella della limited partnership (LP), anche se sta di recente prendendo sempre più piede la struttura della limited liability company (LLC). Entrambe le strutture prevedono la presenza di due categorie di partecipanti al fondo: limited partner e general partner nella LP; member e manager-member nella LLC.

Nella LC, i limited partner, ai quali è proibito compiere atti di amministrazione in nome e per conto della partnership, sono gli investitori che hanno acquisito le quote del fondo.

La loro responsabilità patrimoniale per le obbligazioni contratte dalla LP resta limitata al capitale conferito, eventualmente rivalutato dei proventi e capital gain non distribuiti, ossia all'ammontare del loro capital account.

Le loro partecipazioni possono essere cedute solo ad altri partner o devono essere liquidate nei termini previsti dal partnership agreement. Il general partner è, invece, il gestore del fondo, ossia nella maggioranza dei casi un registered investment advisor, con pieni poteri sull'amministrazione della partnership e con responsabilità illimitata verso i creditori della stessa. Nella LLC, il ruolo dei limited partner è ricoperto dai member e quello del general partner dal manager-member con la differenza che il principio della responsabilità limitata si applica anche a quest'ultimo. Questo beneficio per i gestori di hedge fund costituiti come LLC è però attenuato da numerose norme del SA e del SEA che ne sanciscono sotto più profili una responsabilità personale illimitata. E' frequente che il gestore operante o come general partner di una LP, o come manager member di una LLC, sia esso stesso un'organizzazione costituita sotto forma di LLC, in genere indicata come management company. La management company è un'entità giuridica distinta dal fondo, pur partecipandolo e gestendolo sulla base di un accordo fiduciario definito nell'atto costitutivo del fondo (operating agreement nelle LLC o partnership agreement nelle LP).

- Il motivo per cui gli hedge fund on-shore sono costituiti in una di queste due forme è fiscale. Essi sono le uniche strutture societarie considerate "fiscalmente trasparenti", nel senso di comportare la tassazione dei proventi realizzati solo in capo ai singoli partecipanti al fondo (flow through entity). Gli investitori possono, così, evitare la doppia tassazione tipica delle corporation, almeno fino alla recente riforma fiscale.

Considerazioni fiscali danno anche ragione del metodo adottato per liquidare ai gestori il compenso ancorato alle performance realizzate. Invece di pagarlo come performance fee, esso viene assegnato al gestore come special allocation a cui ha diritto in forza del possesso di una speciale partecipazione nel fondo costituito come LP o come LLC definita carried interest.

La differenza ha rilievo solo giuridico dal momento che il calcolo della special allocation per il carried interest e quello della performance fee è identico essendo entrambi ottenuti come percentuale dei profitti del fondo. La differenza giuridica si riverbera in un diverso trattamento fiscale in capo ai sottoscrittori del fondo, ed è il metodo del carried interest a rivelarsi più efficiente.

Al contrario della special allocation, che viene dedotta dai profitti del fondo prima di calcolare il reddito tassabile di ciascun partecipante, la performance fee concorre a determinare, per quota parte, il reddito imponibile di questi ultimi prima di poter essere dedotta, sempre per quota parte, da ciascun partecipante in un ammontare che non può eccedere il 2% del reddito lordo personale dichiarato. Considerazioni fiscali e regolamentari inducono gli hedge fund manager statunitensi a segmentare la loro potenziale clientela in tre gruppi distinti:

1. Gli US taxable investor.
2. Gli US tax exempt investor.
3. Gli investitori stranieri.

Al fine di soddisfare al meglio le esigenze di ciascuno di questi gruppi, ottimizzando la propria capacità di raccolta, i gestori statunitensi trovano conveniente proporre combinazioni di più schemi di investimento in monte, alcuni on-shore, altri off-shore, gestendone, però, i patrimoni come fossero un unico portafoglio. Al fine di assicurare a ciascuna categoria di investitori il miglior trattamento fiscale possibile, l'investment manager può costituire una US limited partnership rivolta agli US taxable investor e una off-shore corporation rivolta a tutti gli altri potenziali sottoscrittori. La costituzione e l'operatività di due distinti asset pool da gestire in comune pone il problema di organizzare l'intero sistema nel modo più efficiente e razionale possibile, soprattutto per quanto riguarda il carico amministrativo generato dalle scelte di investimento. Una soluzione efficiente a questo problema è offerta dalla struttura denominata master-feeder.

Nella sua espressione più tradizionale e semplice, si compone di tre entità: una "master company" e due "feeder entities" o "fondi affluenti", di cui uno costituito come LP domiciliata negli Stati Uniti funzionale alla raccolta di sottoscrizioni presso gli US taxable investor e l'altro costituito come off-shore corporation rivolto agli investitori US tax exempt e a quelli esteri. I due "fondi affluenti" presentano un attivo composto solo dalla partecipazione detenuta nel master fund, costituito, nella quasi totalità dei casi, come corporation domiciliata in una giurisdizione off-shore. Poiché la partecipazione di ciascun feeder fund al patrimonio del master fund eccede, in genere, la soglia del 10%, la domiciliazione di quest'ultimo negli USA come LP o LLC farebbe scattare la lookthrough provision, obbligando il manager a contare ogni singolo investitore del feeder on-shore ai fini della verifica del numero massimo di investitori consentito (100) per l'esenzione dall'obbligo di registrazione del fondo presso la SEC ai sensi dell'ICA, Section 3(c)1. Sebbene organizzato come off-shore corporation, grazie alla cosiddetta "check the box rule", il master fund è strutturato in modo tale da essere considerato una partnership dal fisco americano e godere, quindi, di trasparenza fiscale. I taxable investor statunitensi che partecipano al feeder fund costituito on-shore in forma di partnership e investito per intero nell'off-shore master fund, possono così sfruttare la doppia trasparenza fiscale del feeder e del master fund, e sopportare l'identico carico fiscale loro derivante da un equivalente investimento in un normale fondo hedge statunitense o dalla detenzione diretta delle stesse posizioni sul proprio portafoglio personale. Gli US tax exempt investor, al contrario, riescono a bloccare la trasparenza fiscale a livello del feeder fund off-shore a loro rivolto che, strutturato in modo da essere considerato come corporation dal fisco USA, impedisce di imputare l'utilizzo della leva da parte del master fund ai suoi sottoscrittori finali.

Gli investitori non statunitensi trovano questo secondo feeder fund appropriato anche per le loro esigenze poiché la sua assenza di trasparenza fiscale questo secondo feeder fund appropriato anche per le loro esigenze poiché la sua assenza di trasparenza fiscale offre la garanzia dell'anonimato e la sua localizzazione off-shore evita il rischio di una ritenuta d'imposta di difficile recupero.

La struttura master-feeder non è solo la soluzione a un problema di ottimizzazione fiscale per categorie eterogenee di investitori.

E' anche una forma organizzativa capace di consentire alti livelli d'efficienza operativa aggregando il patrimonio gestito di veicoli formalmente distinti in un unico brokerage account aperto presso un prime broker. Un primo vantaggio di questa soluzione è l'eliminazione dell'esigenza di allocare parti di una stessa transazione su due conti distinti e paralleli, evitando così di dover duplicare la relativa documentazione contrattuale necessaria ad alimentare i back office di entrambi gli schemi di investimento collettivo. Il vantaggio è tanto maggiore quanto più onerosa è la documentazione relativa al clearing e al settlement della transazione e quanto meno facilmente divisibile risulta essere quest'ultima.

E', ad esempio, minima per le transazioni di borsa su titoli azionari e obbligazionari, altamente frazionabili e caratterizzati da documentazione standardizzata e di facile riproduzione. E', invece, notevole nelle transazioni over-the-counter su derivati che necessitano di una estesa documentazione (si pensi ai master agreement dell'International Securities Dealer Association), presentano caratteristiche peculiari e non sono sempre facili da frazionare. La struttura master-feeder, pertanto, si addice più ai fondi macro, con forte operatività in derivati e sull'OTC, che ai classici fondi long-short equity.

Inoltre, concentrando le attività gestite in seno a un solo veicolo, il master fund evita il rischio di rilevare disparità nelle performance di fondi distinti, ma gestiti in parallelo, derivanti dal diverso profilo temporale dei flussi di sottoscrizioni e riscatti. Un terzo vantaggio della struttura master-feeder consiste nel maggior potere contrattuale che il manager può vantare nei confronti del prime broker presso cui è aperto il brokerage account. Questi, infatti, preferiscono fornire un'unica linea di credito ad un singolo asset pool di maggiori dimensioni piuttosto che suddividerne l'importo su due linee aperte a entità separate di dimensioni inferiori come avviene nella struttura side by side analizzata più sotto. Disporre di un brokerage account unico permette ai due feeder fund di poter effettuare la cross-collateralization degli assets posseduti, facilitando l'operatività sui mercati. Un'ulteriore conseguenza positiva della struttura master-feeder deriva dalla normativa statunitense che limita la possibilità di investire in certi titoli a particolari categorie di investitori qualificati. Secondo la Rule 144, i titoli collocati tramite private placement, ossia senza rispettare gli obblighi di un'offerta pubblica, per un anno sono scambiabili esclusivamente tra qualified institutional buyer e per un ulteriore anno conoscono comunque pesanti limitazioni quanto a negoziabilità per il generale pubblico degli investitori. Il mercato dei titoli interessati dalla Rule 144 è di grande importanza per gli hedge fund, comprendendo la più gran parte delle emissioni di high yield bond e la pressoché totalità di strumenti sofisticati quali le Collateralized Bond Obbligation, le Collateralized Loan Obbligation, le Collateralized Mortgage Obbligation. La capacità di partecipare a questi mercati risulta essenziale specie per i fondi che perseguono strategie macro, fixed income arbitrage e convertible bond arbitrage. Per qualificarsi come qualified institutional buyer, un hedge fund deve possedere almeno 100 milioni di dollari investiti in valori mobiliari, condizione che risulta più agevole da soddisfare combinando i patrimoni raccolti dai due feeder fund nel master fund.

Infine, il master fund, inoltre, può qualificarsi come non-US person ai fini di quanto previsto dalla Regulation S in modo da poter partecipare a quelle offerte di titoli riservate ad investitori non americani.

Un ultimo vantaggio della struttura master-feeder consiste nella flessibilità con cui si possono soddisfare, attraverso la creazione di un addizionale feeder, le esigenze fiscali o regolamentari di nuovi potenziali investitori, anche se diverse da quelle degli attuali partecipanti. Un esempio può essere la costituzione di uno special purpose feeder fund quotato su un mercato regolamentato al fine di soddisfare le esigenze degli investitori istituzionali europei il cui universo investibile risulti limitato ai soli strumenti finanziari quotati presso mercati regolamentati.

Del pari, questa struttura consente al manager di praticare politiche di segmentazione di prezzo e condizioni contrattuali quali periodi di lock-up o le exit date, variandoli da feeder a feeder. A fronte di questi non indifferenti vantaggi, la struttura master-feeder presenta il costo di una notevole complessità amministrativa e operativa rispetto alla più semplice struttura side by side in cui è assente il master fund. Vi sono i costi di costituzione e mantenimento di una società in più, con addizionale impegno in termini di calcolo del Nav.

I costi operativi di gestione della struttura master-feeder incrementano di molto se il manager decide di utilizzare un off-shore administrator per i fondi off-shore e un administrator americano per la LP domiciliata negli USA. L'off-shore administrator baserà la propria commissione sulla massa patrimoniale aggregata nel master fund.

- Un problema rilevante riguarda anche la determinazione delle commissioni per il gestore.

La pratica più diffusa è di calcolare sia quella di gestione, sia quella di performance a livello di singolo feeder fund.

Quantificarle a livello di master fund, infatti, presenta problemi di equità nei confronti dei sottoscrittori.

Alle contribuzioni e ai riscatti a livello di ciascun feeder fund corrisponderanno flussi di investimento e disinvestimento nella master company che devono essere correttamente contabilizzati al fine di evitare disparità tra sottoscrittori nel pagamento delle commissioni. Diventa, a tal fine, necessario l'adozione di un sistema di equalizzazione che renda le commissioni di performance imputate a ciascun sottoscrittore dei due feeder fund proporzionali ai rendimenti realizzati secondo la percentuale concordata. La scelta di privilegiare il livello dei feeder fund per il calcolo delle commissioni ha anche valenza commerciale dal momento che il gestore dispone di un maggior grado di flessibilità nel perseguire politiche di discriminazione di prezzo verso diversi gruppi di investitori, adottando differenti strutture commissionali per ciascun "fondo affluente". La struttura master-feeder può anche comportare il rischio di insorgenza di conflitti di interesse tra i sottoscrittori dei diversi feeder, con conseguenti problemi per il gestore di assicurare a tutti un equo trattamento. Interessanti, ad esempio, sono le implicazioni che possono discendere dalla previsione di diversi livelli di liquidità per i diversi feeder fund.

In genere, la liquidità accordata agli investitore off-shore è migliore di quella fornita agli investitori americani.

Mentre i feeder fund destinati ai primi hanno, in genere, cicli mensili di sottoscrizione/riscatto senza lock up iniziali, le LP rivolte agli investitori statunitensi obbligano di solito a un periodo minimo di permanenza nel fondo e non sono rari i casi di liquidità trimestrale o semestrale. Sotto certe condizioni di mercato, l'asimmetrica liquidità può pregiudicare gli interessi degli investitori che detengono partecipazioni più illiquide.

Se molti partecipanti all'off-shore feeder chiedessero il riscatto della quota durante una fase di mercato sfavorevole alla strategia di investimento perseguita, il fondo nel suo complesso può trovarsi costretto a liquidare le posizioni a condizioni molto sfavorevoli, con danno ancor maggiore per i partner del feeder fund statunitense bloccati nel fondo durante la fuga dei sottoscrittori off-shore. Una decisione fondamentale in merito ai fondi off-shore concerne la quotazione delle sue azioni o delle sue quote presso un mercato regolamentato quale l'Irish Stock Exchange, ma anche quelli presenti alle Bermuda, alle Cayman Islands o in Lussemburgo. Quotando il fondo, gli investment manager si prefiggono di migliorare la capacità d'attrarre gli investitori istituzionali europei. Fondi pensione e assicurazioni, in genere, sono sottoposti a normative, o presentano statuti limitativi della capacità di investire in titoli non quotati presso un mercato regolamentato. Alcuni di loro presentano, anche, l'esigenza di procedere al marking-to-market delle posizioni in portafoglio rispetto a un prezzo ufficiale.

La quotazione di borsa del fondo risponde a entrambe queste esigenze, oltre a fungere da segnale della qualità del fondo in termini di gestione e controllo dei rischi operativi.

L'avvenuta quotazione certifica ai potenziali sottoscrittori come il fondo presenti una struttura organizzativa e operativa conforme ai requisiti di ammissione e permanenza previsti dal regolamento della borsa stessa.

La funzione di certificazione è tanto più utile quanto più uno schema di investimento in monte riesce ad aggirare qualsivoglia obbligo regolamentare a tutela degli investitori e dell'integrità dei mercati. La decisione di quotarsi equivale alla scelta, da parte di chi propone lo schema di investimento, di assoggettare il fondo a una giurisdizione che, invece di essere pubblica e definita da considerazioni di territorialità, può avere natura privata ed extra-territoriale. A seconda dei casi, infatti, i poteri regolamentari e di vigilanza possono essere esercitati dalla società di gestione del mercato, piuttosto che da un'autorità pubblica, attraverso l'imposizioni dei criteri di ammissione e di permanenza e attraverso la verifica del loro rispetto. L'ammissione su una borsa, di solito, non è condizionata alla domiciliazione del fondo, anche se, per esempio, la borsa irlandese prevede requisiti diversi a seconda della giurisdizione di incorporazione del fondo.

Non costituisce, invece, motivazione della ricerca di una quotazione ufficiale, il desiderio di migliorare la liquidità delle quote del fondo. Le stesse borse non si preoccupano di quest'aspetto tanto che nessun vincolo di presenza di market maker sulle quote del fondo è imposto al fine di dare maggiore liquidità al titolo. Sottoscrizioni e disinvestimenti di un hedge fund quotato continuano ad avvenire privatamente tra investitori, o loro fiduciari, e il "transfer agent" del fondo, ossia il soggetto che si occupa delle operazioni di sottoscrizione e riscatto e che, spesso, coincide con l'administrator, ossia il service provider incaricato di calcolare il Nav utile per regolare ingressi e uscite nel e dal fondo e per la liquidazione delle commissioni di gestione e performance. L'Irish Stock Exchange (ISE) è il principale mercato di riferimento per gli hedge fund off-shore intenzionati a quotarsi. L'ISE quota fondi domiciliati in qualsiasi giurisdizione e costituiti utilizzando diversi veicoli giuridici. E' possibile quotare anche i fondi di fondi e i sottofondi di strutture di investimento cd. "a ombrello".

Ad eccezione dei fondi domiciliati in una ristretta lista di Paesi (Unione Europea, ma anche Channel Island, Isle of Man, Bermuda e Hong Kong), per tutti gli altri è prevista una soglia minima di sottoscrizione di USD 100.000 a tutela del risparmio inesperto. I requisiti di ammissione concernenti l'idoneità dei manager sono il mezzo principale su cui l'ISE basa la sua funzione di certificazione della qualità del fondo. E' previsto che "the investment manager must have appropriate expertise and experience in the management of investments" (par. 2.22 del regolamento). La Practice Note 1/98 definisce le caratteristiche che un gestore deve possedere per qualificare l'hedge fund gestito come quotabile.

Quelle di prima facie compliance, se soddisfatte, rendono il fondo automaticamente idoneo all'ammissione alla quotazione. In caso contrario, una seconda serie di considerazioni guida l'analisi dell'ISE nel definire l'ammissibilità del fondo a quotazione, da decidersi caso per caso. I requisiti di prima facie compliance rendono automaticamente quotabile il fondo:

- il cui manager soggiace alla regolamentazione di un'autorità riconosciuta dall'ISE8.
- il cui patrimonio, alla richiesta di ammissione, è di almeno di 100 milioni di dollari.
- che prevede una sottoscrizione minima di 1 milione di dollari.
- riservato alla categoria dei Professional Investor, ritenendo tale chi sottoscrive quote per almeno 100.000 dollari o dispone di un patrimonio superiore a 1.000.000 di dollari, se persona fisica, e a 5 milioni se istituzione, o che alla sottoscrizione garantisca il sussistere di una delle seguenti condizioni: aver svolto un'attività professionale di compravendita di titoli; disporre di una conoscenza ed esperienza dei mercati finanziari sufficiente a valutare il rischio dell'investimento; conoscere i rischi inerenti l'investimento e le strategie seguite dal manager; poter sopportare la perdita dell'intero investimento.

Risultano, quindi, automaticamente qualificati i fondi off-shore gestiti da advisor statunitensi registrati ai sensi dell'IAA del 1940 e da qualsiasi investment manager domiciliato in un Paese dell'Unione Europea ove sussiste una riserva di legge su quest'attività a favore di intermediari autorizzati. Qualora non siano soddisfatti i requisiti di prima facie compliance, l'ISE esamina una serie di fattori per accertare la sussistenza di una "appropriate expertise and experience" da parte del manager. L'attenzione si concentra sulla sua precedente esperienza, considerando l'ammontare di fondi gestiti su base discrezionale; la lunghezza temporale, la rilevanza e l'attualità dell'esperienza passata; la reputazione e l'importanza delle istituzioni in cui ha svolto la professione di gestore. La "rilevanza" nella gestione degli investimenti viene valutata con riferimento ai mercati geografici, ai settori industriali e alla tipologia di titoli oggetto d'investimento per il fondo. Almeno uno dei dirigenti del fondo deve disporre di una esperienza professionale di più di cinque anni nella gestione di un patrimonio non inferiore a 100 milioni di US$ negli anni precedenti la richiesta di ammissione alla quotazione. Si presta attenzione pure ad alcune caratteristiche del fondo, quali l'attuale livello di assets under management, la sottoscrizione minima prevista, l'importanza dimensionale e la reputazione dei principali investitori del fondo. Tutti gli hedge fund quotati presso l'ISE devono soddisfare precisi requisiti in termini di rapporto con il prime broker e devono avvalersi di una banca depositaria che abbia la responsabilità della custodia del patrimonio del fondo su un conto separato e che sia indipendente dall'investmente manager e dall'administrator. La banca depositaria deve, anche, possedere requisiti di relevant experience and expertise in the provision of custody services e, soprattutto, non deve essere incaricata del calcolo del Nav, compito riservato all'administrator. E' imposto che le azioni o quote del fondo appartenenti a una medesima classe debbono presentare lo stesso Nav e risultare sottoscrivibili, scambiabili e riscattabili alle stesse condizioni. Questo ha implicazioni importanti sui sistemi di equalizzazione che possono essere impiegati nel calcolo delle performance fee dal momento che alcuni di essi, per definizione, violano la condizione richiesta.

Tra i requisiti di permanenza vi sono precisi doveri informativi verso gli investitori e l'ISE.

Il calcolo del Nav deve avere frequenza almeno quadrimestrale. E' obbligatoria la divulgazione agli investitori di un rapporto annuale e di uno semestrale sull'operatività del fondo, nonché di un bilancio certificato annuale. Vanno notificati all'ISE i mutamenti nell'operatività del fondo (variazioni negli obiettivi di gestione enelle politiche di investimento) e nel suo assetto (rapporti con investment manager e banca depositaria).

Il più alto livello di disclosure così assicurato nei confronti degli investitori distingue i fondi quotati all'ISE, promuovendo la fiducia degli investitori. Nelle strutture master-feeder a essere quotato è di massima solo il feeder fund riservato agli investitori europei. Per le autorità di borsa si pone, però, il problema di sincerarsi che in questo modo non risultino aggirati i requisiti d'ammissione e permanenza al listino. A tal fine, ad esempio, l'ISE richiede che pure il master fund sia conforme a tutte i requisiti di quotazione e sia soggetto al totale controllo del feeder fund da quotare in modo tale che il consenso degli investitori di quest'ultimo sia essenziale per operare mutamenti nelle politiche di investimento seguite dal manager. Questo requisito di controllo è soddisfatto attraverso la stipulazione di un accordo formale (cd "control agreement") tra feeder fund e master fund in cui l'ultimo si impegna a soddisfare le regole previste dalla borsa e a non eseguire atti che possano essere in contrasto con tali regole. Nel Regno Unito e in Svizzera la quotazione in borsa è perseguita da strutture societarie che si sostanziano in un fondo di fondi hedge off-shore.

Questa pratica, non permessa ai fondi hedge puri, risponde a obiettivi diversi da quelli appena discussi, servendo l'obiettivo di aggirare il divieto al collocamento di schemi di investimento collettivo non regolamentati mascherandoli sotto una struttura societaria. In questo caso, le azioni della società quotata sono scambiate sul mercato e viene esercitata sulle stesse una fondamentale attività di market making da broker-dealer collegati all'istituzione che ha promosso la quotazione.

L'acquisto (vendita) delle azioni in borsa costituisce l'unico modo per il pubblico di investire (disinvestire) nel fondo di fondi hedge implicitamente loro proposto.